ヴラジーミル・プーチン

KGBが生んだ怪物の黒い履歴書 ㊦

ガリア・アッケルマン／
Galia Ackerman
ステファヌ・クルトワ 編
Stéphane Courtois
太田佐絵子 訳
Saeko Ota

LE LIVRE NOIR DE
VLADIMIR POUTINE

原書房

ヴラジーミル・プーチン——ＫＧＢが生んだ怪物の黒い履歴書・下◆目次

第3部　絶対権力者の手段と方法

ヴラジーミル・プーチン――KGBが生んだ怪物の黒い履歴書・上◆目次

第3部　絶対権力者の手段と方法

第16章　人々の暗殺

フランソワーズ・トム

ロシアは爬虫類のような政治的メンタリティーをもっているが、それはいつでも食らいつこうと待ちかまえているワニである。[1]

ミヘイル・サアカシュヴィリ

ロシア政権は、孤立した敵対者だけでなく、人類全体の連続殺人者となった。それは物理的な絶滅だけではない。より正確に言えば、これはプーチンが権力を握って以来ロシア国民におこなわれてきたのと同様に、反抗的な人々の精神的、理性的消滅というクレムリンの真の目的を達成するための準備段階である。チェチェン人、ジョージア人（やや程度は軽かった）、そして今日ではウクライナ人が、ロシアというロードローラーの犠牲になっている。このいたましい一連のできごとを比較研究することで、侵略者ロシアの手口についての類型を確立することができるだろう。

準備段階――被害者の孤立

この孤立の目的は、海外で被害者の信用を失わせ、世界から切りはなすことで士気をくじき、近代国家の出現を阻止することにある。ロシアのこの戦術を最も良く示しているのが、チェチェンの事例である。一九九六年八月三一日にハサヴユルト協定が結ばれて第一次チェチェン紛争が終結したあと、連邦政府のおもな関心事は、チェチェン人を彼らの立場に共鳴する西側諸国から切りはなすことだった。西側のマスコミは、ロシア軍がチェチェンでおこなった人権侵害を非難していたからだ。そのためモスクワは一九九六年以降、国民国家建設支持者に反対する過激なイスラーム主義者をひそかに支援した。アスラン・マスハドフ大統領のような穏健派は組織的に疎外され、その後シャミル・バサエフのような軍事指導者に利する形で殺害されると、チェチェン指導部はしだいにイスラーム主義の軌道に引き込まれていった。このようなチェチェン紛争のイスラーム化によって、ヴラジーミル・プーチンは、一九九九年九月にロシアで起こったイスラーム主義者のテロにかんする（疑わしい）主張に信憑性をあたえられ、西側諸国の黙認のもとでチェチェン紛争を再開させることとなった。

チェチェンのイスラーム化に関わる連邦政府の責任については、とくに、アメリカ人ジャーナリスト、ポール・クレブニコフ――二〇〇四年七月九日にモスクワで暗殺された――が、ボリス・ベレゾフスキーとチェチェン戦闘員との関係にかんする著書の中で明らかにしている。[2] 一九九六年一〇月、ベレゾフスキーはロシア安全保障会議副書記となり、エリツィンの同意をえてチェチェンでのロシア政策を監督することが可能になった。クレブニコフによれば、マスハドフ大統領は、エリツィンの側近であるオリガルヒ、とくにベレゾフスキーがチェチェンのイスラーム過激派を支配し、資金提供していると確信していたという。そのからくりはシンプルだった。チェチェンでは、二年間で約五〇〇人が人質にとられていた。外国人、西側赤十字の代表者、ジャーナリスト、技術者、宣教師、北カフカス人、ロシア人などだが、そのなかにはエリツィン大統領自身の使者もふくまれていた。ベレゾフスキーは、人質をとった軍事指導者やイスラーム主義者たちに巨額の身代金を支払った。マスハドフによると、こうした身代金はイスラーム主義ネットワークの資金調達に役立ったという。「一連の誘拐は（ロシア）国家の政策の一部だった」。実際、組織的な誘拐はチェチェンに足を踏み入れるのを外国人に思いとどまらせた。一九九八年、マスハドフはすでに戦争を予感していた。「今日、ここはまさに戦争の匂いがする。（中略）その責任はすべてロシアにある。この原理主義とテロリズムはすべて人為的なものだ[3]」。ロシア連邦内務大臣アナトリー・クリコフの回想録は、この仮説を裏づけている。一九九七年四月、ベレゾフスキーが最も手強い軍事指導者のひとりであるバサエフに二〇〇万ドルをあたえたと彼がエリツィンに報告したとき――そのことを情報機関はただちに知らされた――、ロシア大統領は少しも驚かなかった。「まるで当然のことのようだった」とクリコフは書いている。ベレゾフスキーは自分自身の金ではなく、国家の金を使ったようだと大臣が伝えると、エリツィンはこう口走った。「もちろん彼の金ではない。自分の金を盗賊に渡すような馬鹿者がどこにいる？[4]」。この証言は、ベレゾフスキーがプーチンと仲違いして公共の敵の筆頭となり、ロシアのマスコミがチェチェン問題をふたたび取りあげるようになった二〇〇六年以後に確認された。マスコミはとくに、ドゥダエフとマスハドフ政権下にあったチェチェン国家安全保障局長の兄弟であるトゥルパル・モフサイエフの証言を引き合いに出した。「B・ベレゾフスキーはチェチェン領土内での人質誘拐を組織化するうえで主要な役割を果たした。彼は最も有名な政治家やジャーナリストの誘拐を命じた。（中略）シャミル・バサエフやモヴラディ・ウドゥゴフもかかわっていた。わたしの兄弟は、バサエフがチェチェンのロシア代表ヴラソフの誘拐を組織したのだと言った。この誘拐はB・ベレゾフスキーの要請でおこなわれたのだ」[5]。ウドゥゴフは一九九六年八月以来チェチェン情報大臣を務めていた人物で、名うてのイスラーム主義者だった。

著名な人物を誘拐するこの政策は、チェチェンの過激派メンバーに資金を提供すると同時に、ロシアや外国の世論でチェチェン人の信用を失わせ、北カフカスの近隣諸国全体とも仲違いさせ、来るべき戦争にそなえてチェチェンを孤立させることを目的としていた。その後、新たな目的がつけくわわった。つまり、ボリス・エリツィンの後継者として「ファミリー」から選ばれた候補者ヴラジーミル・プーチンを、とくに当時首相だったセルゲイ・ステパーシンに対抗して大統領に押し上げるということである。一九九九年初頭にグロズヌイで誘拐されたロシア内務省の代表ゲンナディ・シュピグン事件で、そのことが明らかになった。のちにステパーシンは、シュピグン将軍を解放するための特別作戦が準備されていたが、ベレゾフスキーが誘拐犯たちに七〇〇万ドルを支払って将軍を解放させないようにし、すべて頓挫させたのだと語った[6]。しばらくしてシュピグンの遺体が発見され、この大失態でステパーシンの信用は失墜し、代わってプーチンが首相となる道が開かれた。

同様に、ロシアとジョージアとの戦争の前に、モスクワはプーチンが毛嫌いするサアカシュヴィリ大統領に対して組織的な中傷キャンペーンを展開した。彼は危険な精神異常者、アメリカの操り人形――この議論はフランスでは依然として活発におこなわれている――、ファッショ的――西側左派にとって――、「ソロス・ネットワーク」[7]の人物――西側右派にとって――などと表現された。ロシアのプロパガンダは何年にもわたって同じようなやり方で西側の世論に働きかけ、ウクライナにはヒトラー崇拝者が大勢いる、キーウ政府は「ファシスト」、反ユダヤ主義者の巣窟だ、などという考えを吹きこむことに成功した。しかし二〇二二年、西側諸国は経験から学び始めており、ウクライナを孤立させようとする企ては失敗した。

第一幕――被害者が攻撃者として示される

トゥルパル・モフサイエフの証言は、チェチェンの指導者たちがベレゾフスキーに操られてダゲスタンへの侵攻を開始し、それがプーチンに第二次チェチェン紛争を開始する口実をあたえたということを裏づけるものだった。一九九九年七月の会議で、「カズベク・マカチェフ（チェチェン内務大臣）は、一九九九年八月にダゲスタンに対する作戦が予定されており、ボリス・ベレゾフスキーがその資金提供を担当したと発表した。カズベク・マカチェフは、七月にロシアのナリチク空港で、ベレゾフスキーの個人補佐官に会ったと述べた――バドリという名のジョージア人（ジョージアのきな臭いオリガルヒ、バドリ・パタルカルツィシュヴィリ）で、ベレゾフスキーの資金を運んでいたのである」[8]。ポール・クレブニコフはこれについて次のように書いている。「ダゲスタン侵攻はロシア政府の両手を解放した。それ以後は北カフカスに本格的な軍隊を派遣することが可能になった。結局、チェチェン人は攻撃者になった（中略）。ダゲスタンを攻撃したチェチェン部隊は大規模で装備も整っていたが、チェチェン政府から派遣されたわけではなく、大規模な独立武装グループに属していたことははっきりさせておくべきだろう…」[9]。二〇〇八年八月にはジョージアでも同様のシナリオが使われた。二〇〇八年四月からオセチアの活動家たちにロシアのパスポートが配布されたあと、ロシアが彼らを武装させたのである。モスクワにたきつけられたオセチアの活動家たちはジョージアの国境地帯の村を攻撃した。サアカシュヴィリ大統領は、なすがままになるか、民衆の支持を失うか、戦うかという、あまり望ましくない選択を迫られていることに気づいた。八月七日から八日にかけての夜、彼はジョージア軍に南オセチアに対する攻撃を開始して首都ツヒンヴァリを砲撃するよう命じた。彼は罠にはまったのだ。八日朝、ロシアの戦車、軽装甲車両、兵員輸送車が、ロシアいわく「大量虐殺」の脅威にさらされた「市民を守る」ために南オセチアに侵入した。二〇二二年にはウクライナに対して同じ口実が用いられた。つまり、「キーウのナチ」によって組織された「大量虐殺」からドンバスの「ロシア語話者」を守るために、ロシア軍が介入したというものだ。

恐怖の局面

第二次チェチェン紛争当時からすでに、ロシアの政治家や軍事指導者たちは、損害を最小限に抑えた「インテリジェント」な戦争をしていると自賛していた。チェキストの観点からはそうかもしれないが、人命の尊重という観点からすればそうではない。最初の攻撃はどう見てもワッハーブ派の勢力範囲に対してではなく、アスラン・マスハドフ大統領に忠誠を保ちつづけていたチェチェンの地域に向けられていた。最初から、恐怖をまきちらそうという意図は明らかだった。一九九九年一〇月二一日、ロシアのミサイルがグロズヌイの中心部、とくに市場と産院を攻撃し、死者は一二〇人、負傷者は五〇〇人にものぼった。流血は数か月続き[10]、二〇〇三年に国連はグロズヌイを「地球上で最も破壊された都市」と呼んだ。皮肉にも、この破壊は将来のロシアの協力者には良い口実となった。二〇〇六年にカディロフはこう宣言した。「われわれは戦後の人間だ。インフラは完全に破壊され、共和国には何もなかった。それでもわれわれは共通言語を見つけ、立場を変え、まったく新しい視点から自分たちの人生を見て、新しい共和国を築く…。私は共和国とその国民の問題に取り組む。私は政治はやらない[11]」

のちのウクライナがそうであったように、チェチェンでの犯罪もかぞえきれないほどあった。軍事的要請ということでは正当化されない村や町の破壊、無防備な都市への攻撃や爆撃、幼稚園、病院、劇場、ショッピングセンターへの爆撃、誘拐、裁判抜きの処刑や暗殺、拷問、虐待、女性や男性への性的暴行、民間人への意図的な攻撃、輸送手段や医療従事者に対する意図的な攻撃、民間人の恣意的逮捕と拘留、略奪、財物強奪、人身売買などだ。一九四五年に赤軍兵士が多くのドイツ女性をレイプしたのと同様に、これは暴走ではなく、意図的な政策であり、反抗的な人々をおとなしくさせる第一段階だった。野蛮行為はロシア化の前提条件であり、ロシア軍の暴行は同様の報復を引き起こすためのものだった。いつものように、テロ行為には、侵略者がまったく罰せられないことを示して、人々の士気をくじくことを目的とした、大きな嘘がともなっていた。チェチェンで「われわれは都市を占領しているのではなく、解放しているのだ」と、国防大臣イーゴリ・セルゲイエフ[12]は述べている。

アンナ・ポリトコフスカヤによって書き留められたいくつかの発言が物語っているように、チェチェンではロシア軍の間にすでに大量虐殺の傾向があらわれていた。たとえば、アナトリー・クルリエフ大佐は、チェチェン人を「再生産」させない決心をしていると語っていた。「彼が主張しているのは〝彼らを増やさないようにする〟ということだ。つまりチェチェン人とイングーシ人のことである。再生産というのは子どもをもつという意味だ[13]」。二〇〇〇年八月、ロマン・シャドリン大佐は戦争がいつ終わるのかという質問にこう答えた。「チェチェン人は一〇万人から一二万人程度しか生かしておかないようにする。そうすれば、彼らが殖えるまで三〇年ほど平穏に眠ることができるだろう」。もっと下位の将校たちはしばしば次のような言葉をくりかえした。「良いチェチェン人は死んだチェチェン人だ[14]」。

ウクライナの場合、状況ははるかに明白だ。ロシアの指導者たちが「非ナチ化」について語るとき、それは「ウクライナ国家の解体」であることを理解すべきである。「ウクライナを破壊しつくすか、政権の首をはねるかだ」と、プーチンはフランスのマクロン大統領との電話会談で語っていた[15]。ウクライナ国家の組織的な破壊計画はあらかじめ練り上げられており、ロシアのメディア、とくに国営通信社ＲＩＡノーヴォスチで発表されたティモフェイ・セルゲイツェフの「ロシアはウクライナで何をすべきか[16]」というタイトルの衝撃的な論文でそれが暴露された。その中で彼は、この政策には時間がかかるだろうと述べていた。ロシアの侵略者たちが発見したように、「人口の大半がナチ（である）」。「非ナチ化」は当初予定されていたようなウクライナ政府の解体だけにとどめることはできず、少なくとも二五年間にわたって実行しなければならない息の長い計画である」。なぜなら、「非ナチ化の期間が、非ナチ化の条件下で生まれ、成長し、大人になる一世代より短いことは、いかなる場合にもありえないからだ。ウクライナの非ナチ化は三〇年以上続く」。したがってロシアはウクライナの「ナチ」から解放された領土で「不可逆的な転換」を実行すべきである。

この「非ナチ化」は段階的におこなわれることになる。まず、「治安部隊や領土防衛隊」をふくむ「ナチの武装組織の解体」をおこなう。現在ウクライナの男性国民は全員戦闘態勢にあるため、「彼らの活動を支えている軍事、情報、教育施設の破壊」をおこなう。次に、「ナチ的傾向のあるイデオロギーの弾圧」と「政治的分野だけでなく、文化・教育的分野においても不可欠な厳しい検閲」を実施する。学校ではウクライナの教科書をロシアの教科書におきかえる。次に、「ロシアの情報空間の設置」、つまり生き残ったウクライナ人にロシアのテレビを見せつける。次に、「戦争犯罪、人道に対する犯罪、ナチイデオロギーの普及、ナチ政権の支持にかんする各人の責任を明らかにすることを目的とした大規模調査を組織」する。はっきり言えば、密告を呼びかける集団テロ政権である。スターリン主義的な大規模な裁判が予想され、だれでも「ナチ」と非難される可能性がある。そこでは、たとえばモスクワが毛嫌いするアゾフ大隊の兵士たちが裁かれることになるが[17]、スターリン主義のＮＫＶＤの手法が適用されて打ちのめされ、公の場で「告白」することになるだろう。最後に、「ナチズムの実践に関わったすべての組織は排除され、禁止されなければならない。バンデリスト[18]の指導者は抹殺されなければならない。彼らを再教育することは不可能である。さらに、当局および大衆の大部分は受動的なナチであり、ナチズムの協力者であり、やはり有罪である。彼らはナチ政権を支持した。（中略）このような人々は当然のことながら罰せられるだろう。ナチ体制に対する正義の戦争という必然的責任を負うことになるからだ」。これはウクライナ国民の社会的存在としてのあらゆる組織的形態を、物理的に排除するということだ。「ウクライナ」という言葉は、この「非ナチ化された」空間から消え去ることになる。なぜなら、「非ナチ化は必然的に非ウクライナ化になる」ことが予想されたからだ。

ロシアがウクライナの占領地域でおこなった政策は、この計画に厳密にそったものであるが、この計画自体は、一九三九年から一九四一年にかけて赤軍に占領された国々、そして一九四四年から一九四八年にかけて「解放された」国々[19]での、スターリン主義的政策を模したものである。ロシア軍の残虐行為は「失態」ではなく、逆にテロと貧窮によってウクライナ国民を再教育するという意図的な政策の行使である。そこには純粋な状態でのボリシェヴィキの実践が見られる。つまり、戦争による野蛮行為、大規模なテロ、地域の政治的エリートの誘拐や組織的排除、女性や子どもをふくむ大規模なロシアへの強制移送、かつてボリシェヴィキがおこなったような、人々を「服従させる」ための飢饉の組織化などだ。ウクライナでロシアは、二〇二二年夏の農作物輸出を阻止するため、意図的にインフラを標的にした。農家は収穫物を販売することができず、畑には地雷が敷設されて使えなくなった。同年六月、ウクライナ当局は、約一六〇万人のウクライナ人が「選別[20]」後ロシアに強制移住させられたと主張した。ウクライナとロシアの国境をはさんだ両側に、「ロシア化可能な」ウクライナ人とそうでないウクライナ人を選別するための「選別収容所」が一八か所確認されている。[21]ロシア当局者は地元の協力者から受け取ったリストをもっている。そのリストには、ウクライナ検察庁職員、警察官、非常事態省の職員、市町村議会議員、ジャーナリスト、活動家、ブロガー、デモ参加者、ドンバス戦争退役軍人の妻や親族、クリミアのタタール人、ボランティア、つまりウクライナ国家を支えているエリートがすべて記載されている。親ウクライナの立場を主張する者はみな投獄され、しばしば拷問を受け、抹殺される。[22]ロシアの心理的プロパガンダの工作員とともに活動しているFSBは、潜在的な抵抗者を探して占領地で荒っぽい活動をしている。投獄された者は、殴打、頭部付近への実弾発射、ガスマスクによる窒息、親族殺害の脅迫など、さまざまな拷問を受ける。拘留された者は、水をかけられたあと、耳、性器、肛門に電気を流す拷問を受ける。三月にロシア人に誘拐されたヘルソンの弁護士の妻はこう証言した。「ペンチのひとつを性器に、もうひとつを乳房にとりつけて、それを取りはずし、翌日またとりつけた。数本の歯をペンチで引き抜き、舌の一部は切り取られた。電気での拷問も受けた」。[23]「ロシア化可能者」は受け入れられるか強制移送され、ロシア極東の人里離れた地域に送られた者もいる。ロシア軍に拉致されたウクライナ人の子どもたちは、家族から引き離され、あるいは孤児院に入れられてロシアで養子縁組される。[24]さらにロシアは、五倍の給料を提示して占領地に数百人のロシア人教師を呼びこもうとしている。ウクライナ語を根絶し、「大祖国戦争」や「ロシア世界[25]」のその他の神話を崇拝するようウクライナの小学生に押しつけるためだ。スターリン主義の政策との類似性が際立っている。スターリン主義の政策では、併合された地域あるいは支配下に置かれた地域から、何百万人もの人々がシベリアや中央アジアに移送され、一方ロシア人は占領地域に入植するために送り込まれた。

次のステップ——「帝国主義戦争から内戦に転換」する

ロシアは、分裂を生み出し、みずからの帝国政策を他国で下請けに出す技術をつねにもっていた。クレムリンの征服戦争の目的のひとつは、兵隊の獲得だった。どんな紛争でも、モスクワは標的となった国で、手足となって忠実に働く同調者をつくろうとした。悪いチェチェンと対決する「良い」チェチェンが組織され、「キーウのナチ」に対抗する「良い」ウクライナが組織された。それが民間人に対する組織的な爆撃と焦土政策の目的のひとつである。ひとたび領土が占領され、ロシアの情報機関によって管理されると、民間人は住居やあらゆる生計手段を奪われることが多いが、ウクライナの場合は人道的支援を得るためにロシアのパスポートを受け取るよう強制された。そして生き残った男たちは賃金とひきかえに敵の軍隊に編入された。[26] やむなく敵側の協力者となったこうした裏切者たちは将来のロシア政権の土台となる。彼らは今や自国軍の勝利を恐れる立場にあるからだ。つまりロシアは占領し荒廃させた地域でただちに、男性住民を皆殺しにしたり、徴兵してかつての同胞と戦争をさせたりするのである。

ロシアはまず、チェチェンのカディロフのように、犯罪ネットワークで同調者をつくり、そしてクリミア、ドンバスやルハーンシクの分離主義組織でも同調者をつくった。クレムリンは、チェチェンでは社会の氏族構造を利用し、カディロフ一族とバサエフの側近たちを対立させ[27]、二〇〇二年四月にカディロフの勝利を宣言した。しかし、ロシアの特殊機関が紛争の解決策を見いだすために頼ったのは、KGBとかかわりのあるチェチェンの刑事当局者ホジ＝アフメド・ヌハーエフだった。ヌハーエフはアレクサンドル・ドゥーギンの信奉者であり[28]、クレムリンとアフマド・カディロフとの交渉で仲介役となった。アフマド・カディロフはチェチェン共和国のムフティーで、独立派の宗教的指導者だったが、ワッハーブ派の影響力が大きくなることへの危惧もあり、親ロシア陣営に加担した。モスクワにとって重要なのは、チェチェンを従属させ、ユーラシア主義者が説く西側との対立で、精力的な協力者にすることだった。ドゥーギンの教義は、北カフカスで危険な存在となったイスラーム過激派に対して、そしてまた西側諸国に対して、チェチェン民族主義者を取りこんで手を組ませるのに役立った。チェチェンの平和は、二〇〇三年にカディロフ一族が政権を握ることで、大金とひきかえに得られたものであり、モスクワからの多額の援助金によって維持されている。アフマド・カディロフは二〇〇三年一〇月に共和国大統領に選出されたが、二〇〇四年五月に暗殺され、ヴラジーミル・プーチンが個人的に選んだ息子のラムザンが後継者となった。チェチェン紛争は、「平和維持活動」となり、二〇〇九年四月まで続けられた。チェチェン・イチケリア共和国元大統領アスラン・マスハドフは二〇〇五年に、またシャミル・バサエフは二〇〇六年に暗殺された。

ロシアの納税者には高くついたとしても、クレムリンから見れば、チェチェンの制圧は大成功だった。チェチェンは連邦予算から最も多くの助成金を受けている地域であり、二〇二二年一月にラムザン・カディロフは、ロシアがその地域を維持するために毎年三〇〇〇億ルーブルを費やしていることを明らかにした[29]。北カフカスの住民に対して、他のロシア市民の六倍を費やしていることになる。しかしクレムリンの指導者層にとっては、カディロフは、とくに親ロシアのイスラーム主義者を生み出すという、かけがえのない役割を果たしている。しかも、ロシアは帝国主義の目的を達成するための忠実な服従者が慢性的に不足しており、人口が減少しているロシア各地とは対照的に出生数が多いチェチェンは、手足となって働く人材の貴重な宝庫となっている。彼らはシリアに派遣され、次いで親ロシア分離派やロシア正規軍とともにウクライナの戦闘員と戦い、シリアやヨーロッパのイスラーム主義ネットワークに侵入して操作活動をおこなっている。[30] 常に熱心なカディロフはみずからを「プーチンの歩兵」と称し、自分の配下の暗殺者たちをプーチンの意のままに使わせ、[31] 公式のレトリックに同調して拡散している。二〇一七年七月には、ロシアの核兵器で「地球全体をソドムのように滅ぼす」と脅迫さえしている。

内通者たちの時代――ホモ・ソヴィエティクスの復活

ウクライナに身を落ち着けた占領者たちはすぐに、枠組み作りに取りかかった。ヘルソンは数週間でソ連都市のコピーと化した。レーニン像が設置され、侵略者たちはウクライナ国家のシンボルを各都市から急いで撤去し、クルガン――数千年前のスキタイ人の墳墓を覆っている塚――を破壊し、ウクライナの歴史を扱った本を燃やした。マリウポリでは、かつての自由広場が今では「レーニン広場」と呼ばれている。[32] それは、ある人々の記憶を消すことでその人々を抹消するということである。ロシアのテレビが大量の毒を浴びせかける一方で、ウクライナのチャンネルは放送を禁止された。ウクライナとの関係は組織的に遮断されている。占領者たちはウクライナの加入者をロシアの携帯電話会社に引き入れようとしているが、ロシアの携帯電話会社は情報機関によって完全に盗聴され、管理されている。[33] 侵攻後に生まれた子どもたちは自動的にロシア国籍を取得する。依存し、恐怖に陥り、愚かになり、幼稚化した人々を支配する、というのが合い言葉だ。占領者たちは「二一世紀のクラーク（原文のまま！）」から食料を取りあげ、会社やブドウ畑を略奪して破壊し、農機具を持ち去り、貧窮してロシアのパスポート申請に同意したウクライナ人に、約二五〇ドル支払う。「より多くの友を連れてくる」者は報奨金を受け取る。[34]

民族精神の根絶は、ソ連時代と同じ手法でおこなわれる。当局は、自由市民を前提とする市民精神に取って代わる地方人気質、愛郷心、民間伝承、スポーツを、あらゆる手段で奨励する。カディロフは、カフカスの伝統的なダンスであるレズギンカを愛好している。ウクライナ人は、刺繡されたシャツを身につけて、流行歌を歌い、豚の脂身を食べるよう勧められる。「ロシア世界」への統合は、「大祖国戦争」の英雄たちという強制された偶像への礼拝にくわえ、アルカイスムへの後退、アングロサクソンの自由主義に支配された西側諸国によって見捨てられたとされる「伝統的価値観」への準拠を意味する。

ジョージアは、国家エリートを買収するためにロシアの資金を分配するオリガルヒ、ビジナ・イヴァニシヴィリに下請けされたソフトな属国化の対象となった。与党である「ジョージアの夢」は、ロシアのさらなる侵略に対する国家の盾を自称する。しかしジョージアは、二〇〇八年の短期間の戦争でテロの局面から逃れることはできなかった。八月一〇日に南オセチアの首都ツヒンヴァリがロシア軍の支配下におちいったとき、ジョージアは分離主義の州からの撤退と停戦を表明したばかりだった。八月一一日、ロシアの爆撃は都市ゴリ、黒海に面したポティ港、トビリシ郊外を標的としていた。ロシアの政策は、ジョージア国民に西側諸国から放置され見捨てられたと思わせることで、組織的に士気を喪失させることをねらいとしていた。現行政権は、すべての政党が金銭ずくで買収されているとくりかえして、国民に政治への嫌悪感を抱かせようとした。政権によって広められたプロパガンダの第二段は、西側の影響によって危機に瀕しているジョージアの「伝統的価値観」に訴えることだった。結局、「ロシア世界」の影響下に引き込まれた人々の知的、道徳的破壊は、普遍的なものへのアクセスを彼らに禁止することによっておこなわれる。「伝統的価値観」への回帰という名目で西側を拒絶するのは、まさに知的、道徳的破壊につながるからである。

ロシアの大国プロジェクトを成功させるための第一の基準は、征服された国民を取りこみ、彼らを利用してその同胞や他民族を従属させることにある。この政策は帝政ロシア皇帝が始めたものであり、ザポリージャ・コサックが北カフカスの人々を服従させるためにどれほど利用されたかが思い起こされる。今日においても、プーチンはロシア民族以外から兵隊を求めることを好み、チェチェン、ブリヤート、カルムイク、南オセチア、トゥヴァ、タタールスタン、バシコルトスタン、チュヴァシで徴募した部隊をウクライナ戦線に派遣している。[35] 二〇一四年にウクライナから奪取した分離派地域で徴募された補充兵は、ドンバスの最前線に配備されている。二〇二二年六月一六日、「ドネツク人民共和国」（DPR）当局は、年頭からの兵士の死亡者数が二一二八人、負傷者数は八八九七人にのぼることを明らかにした。イギリス軍によれば、この損失はDPR軍の「約五五パーセント」に相当するという。[36]

第二の基準は、クレムリンの強迫観念となっている反西洋の十字軍に、「ロシア化」した人々を結集させることである。ここでもまたチェチェンの従順化が華々しい成功を収めた。ラムザン・カディロフの右腕のひとりで、チェチェン特殊部隊「アフマート」の指揮官であるアプティ・アラウディノフは、二〇二二年七月一七日、ロシアとウクライナの戦争についてロシアのテレビでこう述べた。「これは神聖な戦争だ。私は全能の神に祈る。（中略）この国がプーチンによって導かれますようにと。なぜなら彼はヨーロッパの価値観を受け入れることを拒否した人間だからだ。実際、それは世界中に押しつけられた悪魔のような価値観だ。（中略）われわれはLGBTの旗のもとに集まることはないし、プーチンが生きているかぎり、そのようなことはないだろう。（中略）悪魔の軍勢でも、反キリストの軍勢でも、好きなように呼んでもらってかまわないが、われわれはそうしたものと戦っているのだと言える[37]」

占領地域でのロシアの政策を「植民地化」と呼ぶのは、侵攻の一面しか見ていないことになる。実際のところ、ヴラジーミル・プーチンはこうした人々を矯正して、完全かつ永続的な支配を保証する唯一の手段として、ホモ・ソヴィエティクスの段階に退行させたいと考えているのである。かつてモスクワに従属していた国々に対する彼の政策は、たんなる植民地政策でも帝国主義政策でもない。なぜなら帝国はしばしば植民地の被支配者を世界に解放してきたからだ。ロシアの政策は逆の効果をねらい、征服した人々を閉鎖的な「ロシア世界」、つまり過去のソヴィエト連邦を模した不気味なディズニーランドのような息の詰まる閉ざされた世界に閉じ込めて、ソヴィエト体制からの回復プロセスを妨げようとしている。そこでは憎悪だけが唯一の生きる情熱となり、生活様式としてあるのは劣悪な貧困、寄生、犯罪だけだ。この計画はロシアでは成功した。ロシア国境外では、その作業はもっと困難だが、クレムリンには積年の経験があり、数十年間の共産主義から受け継がれた、魂と意志の弱さを乗り越えようと何十年も前から苦しんできた人々の間にホモ・ソヴィエティクスを復活させるための、恐るべき大量の手段ももっているのである。

第17章　プーチン体制のロシアにおけるメディア、NGO、反体制派の弾圧

セシル・ヴェシエ

欧米人のなかには、ヴラジーミル・プーチンがほんとうはどんな人物かを、二〇二二年になってやっと理解したという人たちもいる。しかし初めてロシア大統領に選出される前から、彼のことを理解することは可能だった。第一に、KGBで教育を受けたことが警告になっていた。KGBの教育は、西側諸国を安心させるために発表された説明とは異なり、フランスの国立行政学院のような高級官僚養成のための高等教育機関とは、ほとんど共通点がなかったからだ。一九九九年一二月一八日にプーチンは、元KGB指導者ユーリ・アンドロポフをたたえる銘板を設置している。みずからをそう呼んでいたように、彼は「チェキスト」としてのアイデンティティを主張しており、こうした行為はそれを裏打ちしている。さらに、ほとんど忘れられているあるエピソードが、二〇〇〇年、あるいはそれよりずっと前に、プーチンがジャーナリズムをどのように見ていたかを示唆していた。

アンドレイ・バビツキーは当時、アメリカが出資するメディア、「ラジオ・リバティー」で活動する著名な戦争ジャーナリストだった。二〇〇〇年一月、彼はクレムリンが引き起こした戦争を取材していたチェチェンで姿を消した。この紛争についての情報を遮断する任務を帯びたガイドをつけずに移動していたとき、ロシアの軍事情報機関（GRU）に逮捕された。ロシア当局は二月三日、彼はロシア軍によって、チェチェン人に拘束されていた三人のロシア兵と交換されており、その運命についてはもはや責任をもてないと発表した。弁護士のゲンリ・レズニクは、「プロのジャーナリストが逮捕され、まるで戦争捕虜のように扱われた。これはどんな国際規約にも違反している」[1]と憤慨した。それはチェチェンで活動するジャーナリストに発せられた「警告」だと彼は見ていた。ジャーナリストのマリー・ジェゴも、そのメッセージを読み取り、バビツキーの失踪は、「エリツィン時代の数少ない成果のひとつである、ロシアでの言論の自由に終焉を告げる」ものであり、「新政権の性格については もはや疑いの余地がない。（中略）一九九一年八月に失敗したクーデターのあと、政治警察と軍の新たな同盟は、臆面もなく古いやり方を復活させた」[2]と書いている。一方、ロシア人女性ジャーナリスト、ナターリヤ・ゲヴォルキャンは、大統領代行のヴラジーミル・プーチンに質問をしたが、彼は「憎悪を隠しきれない」ようすで答えたという。プーチンは、バビツキーが「ロシアのために」戦っていた兵士たちとは違い、「敵のため」に活動していたので、処刑されるおそれもあると考えていた。[3]

バビツキーは二月二六日に生存が確認され、六週間拘留されたのは「きわめて無計画なFSBの活動」だった述べた。プーチンは、バビツキーの行為は「自動小銃の射撃よりはるかに危険」であると言明し、報道の自由が侵害されたと主張するジャーナリストに反論した。「表現の自由が何かということについて、あなたとわたしでは理解のしかたが異なっている」[4]。ナターリヤ・ゲヴォルキャンは、その瞬間に「プーチンがどのように統治するか」を悟ったという。「彼はKGBの学校で教えられてきたことに従って〝愛国心〟という言葉を理解していた。彼が生み出す恐怖は国家と同じくらい大きいので、メディアは忠実でなければならないのだ」[5]。まもなく彼女はパリに移住し、プーチン時代の政治移民が始まった。バビツキーの行路は大きく異なっているが、やはり象徴的なものだ。彼は二〇一四年のクリミア併合に賛成し、ロシア・トゥデイのような公式メディアで活動し、みずからを愛国者で君主制主義者であると称し、二〇二二年四月にドネツィクで早世した。プーチンがウクライナ侵攻を開始した数週間後のことだった。

ただし、自由権にかんしてプーチンとその側近たちがとった行動については意見が分かれている。ロシア系アメリカ人女性ジャーナリストのマーシャ・ゲッセンや学者のカレン・ダウィシャのように、最初の計画と長期にわたって展開されるロジックを見いだした人たちもいる。一方、ロシア人ジャーナリストのミハイル・ジガーリなどは、プーチンが外部のできごとにケースバイケースで即興的に対応したと見ている。しかしジガーリはまた、アナトリー・サプチャークを「ロシアのヴァーツラフ・ハヴェル」[6]と呼んでいるが、それは真実からはほど遠い。おそらく、プーチンの側近の大部分を構成していたKGB将校たちの特殊な精神性の中で、明確な計画と即興的計画とが混じりあっていたのだろう。それは数十年にわたるソ連の暴力、嘘、偽善によってトラウマを負い、生まれたばかりの自由を安全保障の強化に換えようとしているロシア社会の精神性である。結局のところそれはおそらく、今日多くのウクライナ人がいうような、もっと古くからのロシアの精神性である。

それが計画されていたかどうかにかかわらず、プーチンとその側近たちは、一九八〇年代末からかろうじて形をなしてきた対抗勢力を破壊した。一九九九年にロシアは民主主義化のプロセスを開始したように思われたが、二〇二二年には権威主義的で自由を侵害する体制となっている。国家がメディアを統制し、司法を道具化している。NGOは破壊された。反体制派は刑務所にいるか、国外へ移住した。

メディアと経済的対抗勢力の制圧

しかし報道の自由はペレストロイカの最も華々しい成功のひとつであり、驚くほど有能なジャーナリストの新世代が出現した。彼らは、経済危機や社会的暴力もあったが、かつてないほどの表現の自由があった一九九〇年代を経験した。ときには個人的な報復に利用されることもあったが、多くのスキャンダルを明るみに出した。一九九〇年代末にはロシアメディアは健在で数も多く、オリガルヒが所有するメディアもあったことから、オリガルヒの利益もふくめたさまざまな利益を守っていた。ヴラジーミル・プーチンは、「市民の自由と報道」が制限されれば、「この国にはわずかな未来もないことを（中略）深く確信している」と主張していながら[7]、二〇〇〇年からこの分野の再統制に着手した。

プーチンが大統領に就任した四日後、主要民間メディア・グループであるメディア＝モストのいくつかの施設が、覆面をした男たちによる家宅捜索を受けた。メディア＝モストは、大胆な論説で有名なＮＴＶテレビ局をかかえていた。それは、プーチンの政敵のために活動していたオリガルヒのヴラジーミル・グシンスキーが所有するテレビ局だった。しかし当時のロシアにはよくある話だったが、このテレビ局は、天然ガスの巨大企業でありクレムリンの戦力でもあるガスプロムから支払われる資金の恩恵を受けていたので、弱みがあった。その資金は、返済が必要な融資だったとも、一九九六年のエリツィン再選を支援した見返りの「リベート」だったともいわれている。[8] グシンスキーは二〇〇〇年六月一三日に逮捕され、資金横領の罪で起訴された。アナトリー・チュバイスやヴラジーミル・ポターニンをふくむ一七人の政界・経済界の大物が公式に彼の味方につき、「ひとつの先例がつくられた。これは反体制派に対する政権の略式裁判行為である。それがくりかえされる可能性があり、やがてわれわれはみな反体制派のなかにくみこまれてしまうおそれがある」[9]。グシンスキーはＮＴＶをガスプロムに売却することに同意したあと、三日後に釈放され、その後スペインに亡命したが、彼は脅迫されて同意したことを暴露した。ガスプロムはメディア＝モストを告訴し、「貸付金」とひきかえに株式を要求した。一方ロシアの税務当局はメディア・モストの清算を要求した。ゴルバチョフを始めとする一万人がＮＴＶ救済のためのデモをおこなったがむだだった。ガスプロムは二〇〇一年四月にメディア＝モストを傘下におさめた。

オリガルヒのボリス・ベレゾフスキーが所有するメディアも、同様の攻撃の標的となった。ベレゾフスキーは一九九六年の大統領選挙ではエリツィンを支持し、二〇〇〇年の選挙ではプーチンを支持していた。しかし、ベレゾフスキーが「建設的な野党」のリーダーになると主張したことから、プーチンとの関係はすぐに緊迫したものになった。プーチンは、自分を不快にさせる報道のあと、チャンネル１（ＯＲＴ）の株式を売却するようオリガルヒに要求した。チャンネル１（ＯＲＴ）は、国家が株式の五一パーセントを保有するテレビ局だった。ベレゾフスキーはこれを拒否し、ロンドンに移住して政治亡命を認められたが、二〇〇〇年末に彼がもっているＯＲＴの株式の四九パーセントを、「友人」であるロマン・アブラモヴィッチに譲渡することに同意した。アブラモヴィッチは二〇一〇年にその半分を政権に近いグループに売却した。ベレゾフスキーはロシアで最後の独立系テレビ局であるＴＶ－６を放棄することを余儀なくされ、次いでふたつの日刊紙、ニェザヴィーシマヤ・ガゼータとコメルサントも売却した。第三の新聞ノーヴィ・イズベスチヤも、プーチンに敵対的な記事を載せたあと廃止された。

批評家たちはクレムリンの当主プーチンが、権力を乱用するオリガルヒを押さえつけていると信じていた――あるいは信じさせられていた――が、オリガルヒたちはそのメディア帝国や経済力によって対抗勢力の代表でもあった。グシンスキーとベレゾフスキーの運命がまだ定まっていなかった二〇〇〇年九月九日、プーチンは元ＫＧＢ将官セルゲイ・イワノフが主導する安全保障会議によって作成された情報安全保障ドクトリンに署名した。このドクトリンは、「自由な情報交換」と、そうした情報を伝播するうえでのいわゆる「必要不可欠な制限」との間の望ましいバランスを定義している。また政府メディアを強化し、テレビ・ラジオ戦略に国家が関与することも想定されている。このプロジェクトは明文化されており、クレムリンは信頼のおける人物や、国営企業によるメディアの購入を継続した。テレビはプロパガンダのシステムの中心であり、プーチンは毎週金曜日に指導者たちを集めて指示を伝えた。

ジャーナリストのフランソワ・ボネは二〇〇一年四月に、「主要メディアは直接的あるいは間接的にクレムリンの支配下にある」、とくに「ロシア全土に放送されている三つのチャンネル」がそうだと指摘していた。さらに「この〝再統制〟は、司法の道具化、株主の権利の軽視、人権侵害という高い代償を払っておこなわれた」とし、地方では「多元主義が依然として例外的なものになっている」[10]と述べていた。すでに見られていたこうした状況は、多くの人々の暗黙の合意によって悪化しつづけた。ヴラジーミル・プーチンが、主要な政治的、経済的ポストを、KGB＝FSB出身の人物たちに即座にまかせていただけになおさらだった。プーチンの元経済顧問であるアンドレイ・イラリオノフが述べたように、こうしたかつてのチェキストたちは、「検察、外交、軍隊、税務など、国家のあらゆる機関」[11]に浸透し、天然資源や情報を入手した。プーチン政権のロシアを率いていたのは彼らだった。

ベスラン人質事件とウクライナのオレンジ革命後の統制強化

ある劇的な事件が、メディアへの支配をさらに強化する口実を政府にあたえた。二〇〇四年九月一日、カフカスのテロリストがベスランの学校で子どもや親や教師たちを人質にとったのだ。治安部隊が介入したこの事件は流血の大惨事におわり、国内に大きな動揺をもたらした。翌日、プーチンは「外部の敵」がロシアに対する戦争を開始したと非難した。一〇日後、彼は一連の措置を発表した。今後、連邦の各共和国の知事と大統領は、直接普通選挙によって選出されるのではなく、国家元首の推薦にもとづいて議会で任命されることになる。つまり事実上、国家元首が任命するということだ。プーチンはこうして個人的な権力と、「権力の垂直性」を強化した。一方で、二〇〇三年にロシアで出版された著作の著者たちが証言したように、選挙はすでに統制下にあった。[12]

政権の主要な理論家であるヴラジスラフ・スルコフは、九月二九日、それ以外にも敵がいると指摘した。作家エドワルド・リモノフが創設した国家ボリシェヴィキ党の党員たちと、民主主義政党「ヤブロコ」のメンバーの一部である。どちらも「外国出身の共通のスポンサーがいて、憎悪も共有している。彼らがいうには、プーチン政権のロシアへの憎悪である。実際は、たんにロシアに対する憎悪である[13]」。過激であれ穏健であれ、政治的反対派は脅威として存在する。

二〇〇四年一二月、ウクライナでオレンジ革命が勃発し、クレムリンが支援した候補者ヴィクトル・ヤヌコーヴィチが破れてヴィクトル・ユシチェンコが勝利した。ロシアの書店はたちまち、ロシアでオレンジ革命は可能なのかという出版物であふれた。スルコフとそのチームは、キーウでのできごとを分析し、ロシアの若者、NGO、メディアに対して活動を開始した。そして二〇〇五年春に、「ナーシ」(「われらの仲間」)青年運動を創設したが、これは「われら」に直面する他者、つまり敵がいることを示唆していた。「反ファシスト」と主張する「ナーシ」は、オレンジ革命を阻止し、その過程で反体制派や外国大使館に攻撃をくわえる任務を負っていた。その代わり、お金は大量に流れてきた。

さらに、海外から入ってくる資金に対抗するため、二〇〇五年一二月に法律が改正され、NGOは法務省によってその規約と活動を改めて検査されることになり、おびただしい数の書類を提出するこことが義務づけられた。女性人権活動家のスヴェトラーナ・ガンヌシキナは、今後は「ほんの少しのインタビュー（中略）、ちょっとした会議、購入したわずかなサンドイッチ」について書類を作成する義務があるのだと述べた。「すべてはわれわれの生活をややこしいものにするためだった[14]」。こうした嫌がらせの結果、六〇〇〇以上のNGOが活動を停止せざるをえなくなった。

最後に、長らくテレビよりも自由なままだったジャーナリズムにおいても、政権は新聞社を側近たちに買収させ、一方「与党」である「統一ロシア」の幹部たちを出版社の要職に就けて監視の責任を負わせた。そのため決死の覚悟でクレムリンを批判するメディアはますます少なくなり、全国的にもほとんど影響力をもたなくなり、ジャーナリストたちはソ連時代のようにますます自主規制するようになった。多くのジャーナリストや政敵が殺害されたり、不可解な状況で死亡したりしていることから、彼らが恐れるのはもっともなことだった。たしかに、一九九〇年代からすでにそういう事例はあったが、攻撃は増加していた。ノーヴァヤ・ガゼータ紙のジャーナリスト、イーゴリ・ドムニコフは、二〇〇〇年に殺し屋によってハンマーで殴られ殺害された。プーチン政権を「官僚的警察政権」と評した政治家セルゲイ・ユシェンコフは、二〇〇三年四月一七日に射殺された。二〇〇三年七月三日、数々のデリケートなテーマについて調査していたジャーナリスト、ユーリ・シェコチーヒンは病院で死亡した。友人で同僚のドミトリー・ムラトフは「ノヴィチョクのようなもので中毒させられた」と述べている。アメリカの経済誌フォーブスのロシア語版編集者で、ベレゾフスキーの伝記作者であるポール・クレブニコフは、二〇〇四年七月に路上で殺害された。チェチェン戦争についてノーヴァヤ・ガゼータ紙に寄稿したアンナ・ポリトコフスカヤは、二〇〇四年に毒殺未遂の被害者となり、二〇〇六年一〇月七日に自宅のある建物内で殺害された。彼女の友人のひとりで協力者のナタリヤ・エステミロワは、二〇〇九年七月にカフカスで殺害された。一九九九年のテロはＦＳＢが組織したものだと主張したアレクサンドル・リトヴィネンコは、ポリトコフスカヤが亡くなった三週間後にポロニウムで中毒させられ、ロンドンの病院で死亡した。こうした事例は氷山の一角にすぎない。ル・モンド紙は二〇〇七年に、ロシアでは未解決殺害事件が六年間で三万五〇〇〇件あったと指摘している。

「主権民主主義」、〝魅惑〟と反対派の試み

しかし、ロシア指導層は自分たちが脅威にされされていると主張した。二〇〇五年にはヴラジスラフ・スルコフがロシア政権を「主権民主主義」、つまり主権を守る義務を負った民主主義と定義し、外部に疑似脅威を想定するのは有用なことであると述べた。同様にプーチンは、「疑似民主主義的な用語をたくみにもちいて」、「以前と同じようにこの国の富を略奪」あるいは「経済的、政治的自律性を奪う」[15]ことを望んでいた西側の「植民地建設者」を公然と非難した。

しかしロシアは社会的にはきわめて平和であるように思われた。世界的に石油価格が上昇したおかげで、かつてないほどの経済的繁栄を経験した。その結果、とりわけ第二次プーチン政権期以降、とくに首都の活動的な若者たちの間で消費意欲が急激に高まった。彼らはｉＰｈｏｎｅ、ｉＰａｄ、最先端のテクノロジー、新車などを望んでいた。大型スーパーマーケット、シネマコンプレックス、

バー、レストラン、ナイトクラブがロシアの大都市に出現し、海外でバカンスを過ごすロシア人がますますふえていった。エリートたちは贅沢ざんまいで、グラビア雑誌に登場し、大衆向けの本や映画に影響をあたえた。ジャーナリストのミハイル・ジガーリが説いたように、〝魅惑〟の時代であり、「この国にすべてを忘れさせた。もはや政治もなく社会生活もない。あるのは快楽主義だけだ」[16]。とはいえこうした〝魅惑〟は、人口のかぎられた割合の人々だけにかかわるものだった。

二〇〇五年から二〇〇六年にかけての冬にさまざまな都市でデモにくわわったのは、まったく別の人々であり、これはこの一〇年間およびその前の一〇年間のうちでほとんど唯一のデモだった。この数万人の人々は、「報酬の現金化」をめざす措置に対して抗議していた。無料の交通機関や医薬品などの現物支給が定額支給となるが、受給者は損な交換になる気がしたのだ。デモ参加者のほとんどは貧しい年配者、とくに女性たちだった。つまりプーチンに投票する人が減少したということになる。二〇〇七年から二〇〇八年にかけての選挙にそなえてスルコフは、下院から小政党を排除して、プーチンの政策を無条件で支持していた統一ロシアをはじめとする大政党を有利にするため、選挙規約を改正した。同時に、下院の役割は縮小され、政府が提出した法案を承認することに限定された。一方、上院もまたあらゆる活動の可能性を失いはじめた。クレムリンは制御のきかない動員を危惧していたので、二〇〇六年七月、過激主義にかんする法律が公布された。「過激主義」はかつての「反ソヴィエト主義」と同じくらいあいまいな言葉であり、だれでも、あるいはほとんどだれでも適用の対象となる可能性があった。

反対勢力は結束をはかり、同月モスクワで「もうひとつのロシア」と題する会議が開催された。

二〇〇〇年から二〇〇四年まで首相をつとめたミハイル・カシヤノフ、プーチンの元顧問アンドレイ・イラリオノフ、チェスのチャンピオンであるガルリ・カスパロフ、一九六〇年代から一九七〇年代の反主流派の中心人物のひとりだったリュドミラ・アレクセーエワ、あまり民主的でないふたつの団体の代表であるエドワルド・リモノフとヴィクトル・アンピロフなどが参加した。同時期に開かれた「社会フォーラム」には、アルテルモンディアリスト（もうひとつのグローバル化主義活動家）たちが集結し、ふたつの会議のうちひとつへの参加を希望した五七七人が機動隊と対立した。リュドミラ・アレクセーエワはただ次のように指摘した。「ロシアでは市民社会に対する戦争が進行中だ」

「もうひとつのロシア」は、同名の常設組織になり、「反対行進」を開始した。最初の行進は二〇〇六年一二月一六日にモスクワでおこなわれ、二千〜三千人のデモ参加者と同数の警察官を集めた。その後さまざまな都市でも行進がおこなわれ、拘束された者も多かった。クレムリンに近いジャーナリスト、アンドレイ・コレスニコフは次のように嘆いた。「政権は恐れているだけではない。ヒステリックになっている。完全にパニック状態だ」。実際、政権はオレンジ革命を恐れていた。「国民の大多数が、抗議行動には参加しないが、（それに）共感している」[17]ことを知っていたからだ。下院は「過激主義者」に懲役一二年の刑を規定する修正案を採択し、二〇〇七年七月には「過激主義」による重罪と軽罪に対する刑罰をさらに強化した。一方、すでに従順だったメディアは、より厳格な規則に従うことになった。

二〇〇七年の夏、青年運動「ナーシ」は毎年恒例のキャンプをロール・プレイングで締めくくった。ロシアでオレンジ革命が起きている。そして彼らはOMON、つまり暴動を鎮圧する機動隊を演じるというわけだ。選挙のときには二万人の活動家――一〇万人という人もいた――が、首都のあらゆる主要広場に設置されたテントに陣取るかもしれないと噂された。「もうひとつのロシア」から大統領候補に指名されたガルリ・カスパロフは、おそらくやりとげることは許されないだろう――実際そうだった――が、「民主主義を回復させる」[18]ことが必要だと語った。

メドヴェージェフの見せかけのリベラリズム

二〇〇七年一一月二一日、スタジアムに集まった五〇〇〇人の観衆を前にして演説したヴラジーミル・プーチンは、反体制派をふたたび外国の工作員と同一視した。つまり「ロシアが弱くて無力であること」を望む「ジャッカル」と呼んだのである。緊張は高まり、一一月二四日および二五日、警察はモスクワとサンクトペテルブルクの二か所でおこなわれたデモを暴力的に鎮圧し、数十人を逮捕した。しかし統一ロシアの勝利は確実であるように思われていたので、このような過剰な弾圧は一部のロシア人ジャーナリストにとっても驚きだった。おそらくこれはプーチン一派がどんな代替的言説にも恐れを感じていたことのあらわれだろう。予想されたとおり、一二月の選挙では統一ロシアが六四パーセントを獲得し、二〇〇八年三月の大統領選挙ではドミトリー・メドヴェージェフが七〇パーセントを獲得した。インテリ層は当時、プーチンが選んだこの大統領がロシアを民主化し、近代化すると確信させられていた。なぜなら彼は「自由は、自由がないよりも良い」と述べていて、ｉＰｈｏｎｅに熱中し、芸術的創造を奨励し、「ロシアのシリコンバレー」をめざすスコルコヴォを創設したからだ。

それまで多数の政党、グループ、小団体に分散していた野党は、それ以後、親マルクス主義者――社会主義、民主主義、国際主義を信条とするセルゲイ・ウダルツォフの左翼戦線――と、政治的、市民的自由にこだわる「リベラル」というふたつの流れにまとまっていった。ガルリ・カスパロフとミハイル・カシヤノフの支持者、「ヤブロコ」と元ＳＰＳ（右派連合）の支持者をふくむ「リベラル派」は、元の組織を解散することなく連帯運動に参加し、オレンジ色の旗を掲げてふたつの加護を受けていると主張した。つまりウクライナ革命からの加護と、共産主義政権を倒したポーランドの労働組合からの加護である。

この「組織外の反体制派」は新たな活動形態を発展させた。エドワルド・リモノフは、「同意しない者たち」の行進が終わったあと、憲法三一条がロシア人にデモをおこなう権利をあたえているにもかかわらず、当局がそれを無視していることを思い出させるために、二〇〇九年七月から毎月末にデモを組織することを決定した。しかし、八〇歳代の反体制派リュドミラ・アレクセーエワがこのイニシアティブを引き継ぐと、異なる世代や立場の人々や、エリツィンやプーチンのエリートに属していた人々、あるいは彼らとともに仕事をしていた人々――ミハイル・カシヤノフ、アンドレイ・イラリオノフ、ボリス・ネムツォフ、マーシャ・ガイダル、マリーナ・リトヴィネンコなど――の歩みよりが見られるようになった。

知識人の間では、別の抵抗形態もあらわれた。歴史学者たちは、スターリン復権の試みを拒否した。作家たちは政権やその政策と距離を置いた。ボリス・アクーニンはホドルコフスキーと文通し、ドミトリー・ブイコフはノーヴァヤ・ガゼータ紙と協力した。弁護士たちは、プロ意識をもって真剣に依頼人を守った。カリナ・モスカレンコ、アンナ・スタヴィツカヤ、スタニスラフ・マルケロフ――若い女性ジャーナリスト、アナスタシア・バブロワとともに路上で殺害された――や、その他の弁護士たちだ。メディアははっきりと反体制派とみなされたが、インターネットによって検閲されない情報や意見表明を迅速に拡散することができた。社会の一部は、よりいっそうの多元主義と民主主義をふたたび切望しているように思われた。

二〇一〇年一月三〇日、カリーニングラードで一万人から一万二〇〇〇人が集結したデモがおこなわれ、動員は年間を通じて続けられた。三月一〇日、「プーチンは去らなければならない」と題されたカリーニングラードの要求のひとつが全国的な請願として取りあげ、署名はたちまち数千に達した。ロシア国民は役人の汚職の増加にも、統一ロシアが議会をほとんど独占している状況にももはや我慢できなくなり、プーチンとその体制に対する敵意が高まっていた。デモが増加しスノッブ誌は四月に次のような見出しをつけた。「変化の瀬戸際にあるロシア。春か雪解けか?」。実際には、雪解けと再氷結があった。そして情報機関による挑発があった。ネットに投稿された動画には、隠し撮りされた有名な反体制派政治家やジャーナリスト六人が映っていた。一人はコカインを吸っており、他の人たちは賄賂を渡していたり、売春婦にひっかかったりしていた。KGBの昔ながらのトリックだ。状況は落ち着いたかに見えたが、二〇一一年から二〇一二年にかけての選挙期間にはまた急増した。

二〇一一年から二〇一二年にかけてのデモの急増

二〇一一年九月二四日の統一ロシアの会議でメドヴェージェフは、プーチンが二〇一二年の大統領選挙に立候補すると発表した。プーチンが再選されることはだれの目にも明らかだった。西洋化された多くのロシアの若者たちは、自由化の約束を信じていたので、この見通しを耐えがたいものと考えた。一二月四日の議会選挙では、例のごとく不正がおこなわれたが、こうした不正は数千台の携帯電話に記録されていた。憤りは大きく、翌日にはモスクワの中心部で最初の自然発生的なデモが発生した。警察は参加者を二〇〇〇人と見積もったが、ジャーナリストは五〇〇〇人あるいは一万人と見積もった。アレクセイ・ナヴァリヌイはFSBの本部があるルビャンカへの行進を呼びかけ、約三〇〇人の参加者とともに拘束された。しかし翌日には別の無許可デモが発生したので、不正選挙後にジョージアやウクライナで起こった色の革命を連想する人たちもいた。白いリボンが配られたが、プーチンはいつものように下品な言い方で、コンドームかと思った、と言い放った。

次のデモは一二月一〇日、いくつかの都市とモスクワのクレムリンの近くでおこなわれ、五万人から八万人の参加者が、政治犯の釈放、新たな選挙、野党の登録を要求した。それは、「フェイスブックとナヴァリヌイ[19]」によって可能になった、首都ではここ十年間で最大のデモだった。なぜフェイスブックかといえば、抗議行動参加者たちはこのネットワーク上で自分たちのイベントを知らせたからだ。なぜナヴァリヌイなのかといえば、一九七六年生まれの法学者である彼は、汚職を告発する正しい論調をこころえていて、「統一ロシア、ならず者と泥棒の党」という的を射たスローガンを打ち出したからだ。ボリス・ネムツォフは、一二月一〇日は「市民の尊厳と市民社会が復活した日として歴史に残るだろう」[20]と書いた。実際、一二月二四日にはサハロフ通りに一〇万人が集まった。この転換は不可逆的なものと思われたが、年末の祝日に入ったために活動が中断した。

二〇一二年三月四日、プーチンは大統領に再選された。その夜、デモ参加者たちは不正選挙に抗議し、ＯＭＯＮ（特別任務機動隊）は彼らを片っ端から逮捕した。ロサンゼルス在住の映画監督ミハイル（マイケル）・イドフによれば、プーチン陣営は今回の選挙で、西洋化した中流層をひきつけようとするのはむだであり、ナヴァリヌイはいかなる場合にも選挙に立候補することを認められるべきではないという結論に達したのだという[21]。それ以来、プーチンはロシア正教会と「伝統的価値観」をよりどころとするようになり、それが世界中の極右をひきつけることとなった。ロシアでは離婚、中絶、ＨＩＶ感染の比率が高くなっていたにもかかわらずである。そして五月六日に新たなデモが起こったとき、状況がエスカレートし、デモ参加者四〇名、ＯＭＯＮ二九名が負傷したとされ、拘束者は数百名にのぼった。デモは二〇一六年まで続き、政府は一二名に対する裁判を起こした。裁判は数か月続いたが、その目的は、ふたたび街頭で抗議しようとする者たちすべてをおじけづかせることだった。

プッシー・ライオットの裁判は、五月六日のデモの裁判よりも前におこなわれ、一部の若者と当局とのきわめて不平等な対決であることを明らかにした。この「フェミニスト・パンク・ロック集団」のうちの何人かは、二〇一二年二月二一日にモスクワの救世主ハリストス大聖堂で歌ったり踊ったりし、その日に撮影され編集を加えた映像――彼女たちには最初の一節を歌う時間しかなかった――がインターネットで拡散された。彼女たちは聖母にヴラジーミル・プーチンを「追い出す」よう願い、ロシア正教会の司祭や修道士が情報機関のために働いていて、「彼らにとって最も神聖なKGB長官」と協力しているという事実――「黒い祭服、金色の肩章」――を告発した。直後に逮捕されたプッシー・ライオットのうちの三人は、破壊行為の罪で裁判にかけられたが、そのうちふたりは裁判官の前で少なくとも政治的、知的に深い反省を示した。二〇一二年八月一七日に禁錮二年の刑が言いわたされたが、ひとりは謝罪を表明し、控訴審後に釈放された。残るふたりは収容所に入れられ、世界に現実を再認識させた。心配性のロシア下院は、卑劣な行為を封印することを意図した「外国のエージェント」の指定を採用した。「外国のエージェント」は、当初はNGOに限定されていたが、二〇一七年にメディアにも拡大され、その後二〇一八年には個人にも適用されるようになった。

その後数か月間で、抗議活動に参加したジャーナリストたちは職を失い、新聞やウェブサイトは買収され、ブロックされ、閉鎖された。事実上、ロシアの独立系ジャーナリズムは解体された。活動家たちは国外に出た。カスパロフはアメリカに行った。ナヴァリヌイは残留したが、彼に対する刑事告訴がなされた。ウダルツォフには禁錮四年六か月が言いわたされた。ロシアと西側諸国との関係は悪化し、二〇一二年一二月一四日、アメリカ大統領バラク・オバマはマグニツキー法に署名した。弁護士セルゲイ・マグニツキーの刑務所での死に責任のあるロシア人はもはやアメリカに入国する権利がなくなり、彼らの潜在的資産は凍結された。その報復としてロシア政府は、「ディマ・ヤコブレフ法」を採択した。これはアメリカ人、そしてすべての人に結婚が認められている国の国民が、ロシア人の子どもを養子にすることを禁止するものである。しかし、障がいをもつ子どもたちを受け入れていたのはほぼアメリカ人だけだったので、ロシア人は指導者たちの反応を「ヴォロネジを爆撃する」という言葉で要約した。ロシア人をさらに苦しめるということだ。

ナヴァリヌイは、二〇一三年九月にモスクワ市長選挙への立候補を認められたが、その直前に禁錮五年の判決を宣告された。キーロフ州知事の非公式顧問だったとき、森林で木材の横領を働いていたというものだった。この判決が下されるとすぐに、モスクワで大規模なデモがおこなわれ、ナヴァリヌイは――きわめて希有なことに――翌日に釈放された。これもまた、クレムリンが街路で起こっていることに注意深く目を配っていることのあらわれだった。そして、対峙する勢力を見さだめることが当局のねらいだったのかもしれないが、主要メディアにアクセスできなかったとはいえ、反体制派は選挙運動をぶじにおこなうことができた。それでもセルゲイ・ソビャーニンの五一パーセントに対し、ナヴァリヌイが獲得した票は二七パーセントだった。ソチオリンピック開幕直前の二〇一三年一二月、下院は政治犯への大赦を採択した。プッシー・ライオットのマリア・アリョーヒナとナジェーダ・トロコンニコワのふたりは釈放され、一〇年前から拘置されていたミハイル・ホドルコフスキーも釈放された。しかしすでにキーウでは、ユーロマイダンが始まっていた。

クリミアの不法併合後の抑圧

ソチオリンピックが終了するとすぐに、ロシア軍兵士たちがクリミアに侵攻し、ウクライナ人はネオナチで、クーデターの責任者であり、子どもたちを殺害している、というプロパガンダを拡散させた。クレムリンが国際法に違反し、対外的にも対内的にも、さまざまな問題を武力で解決する決意を明らかにしたことで、ロシア社会は分裂した。リモノフやウダルツォフをふくむ芸術家、ジャーナリスト、政治家が、クリミアの不法併合に賛成したが、ボリス・ネムツォフははっきりと反対を表明した唯一の著名政治家だった。二〇一四年三月一五日、ネムツォフは政治組織「連帯」とともに戦争反対の行進を組織し、五万人がモスクワで行進した。一方でロシアからの脱出は加速し、留学生たちは西側にとどまり、ジャーナリストやスルコフのかつての協力者たちはプラハ、リガ、モンテネグロで暮らしていた。ネムツォフは九月二一日に二度目の平和のための行進を組織し、ますます激しい攻撃にさらされた。彼はオリンピックにまつわる汚職を暴露し、ウクライナにロシア軍が駐留していることを明らかにしようとした。そのころアレクセイ・ナヴァリヌイとその弟は、二〇一四年一二月三〇日、政治裁判の一環として、詐欺罪により禁錮三年六か月を言いわたされた。アレクセイは執行猶予つき、弟は実刑判決だった。二〇一一年から二〇一二年にかけてのデモのよく知られた主催者のうち、まだモスクワで自由に行動できていたのはボリス・ネムツォフとイリヤ・ヤシンくらいだったが、ネムツォフは二〇一五年二月二七日にクレムリンから数メートルの場所で暗殺された。その翌日、衝撃を受けた五万人の人々が、ロシア国旗とネムツォフの肖像を掲げて自発的に行進したが、それを止めようとする者はいなかった。ボリス・ネムツォフに近い政治家のヴラジーミル・カラ＝ムルザは、二〇一五年五月に緊急入院した。毒を盛られて五日間昏睡状態にあったのだ。アメリカに搬送されて治療を受けた彼はロシアに帰国するが、二〇一七年二月にふたたび毒を盛られた。命をとりとめてロシアに戻ったが、ロシアのウクライナ侵攻を批判したとして二〇二二年四月一一日に逮捕された。

二〇一四年以降、ロシアに対する西側諸国の制裁が強化されると、クレムリンは西側からの多くの食品の輸入を禁止した。逮捕や裁判は急激に増えた。映画監督キリル・セレブレンニコフとその協力者の裁判、工作員がチャットグループに潜入して政権に批判的な若者たちを逮捕した「新しい偉大さ」事件、学生新聞ドクサの裁判などが、一時的に怒りをかきたてた。ソ連時代と同じように法的措置が急増し、より民主的なロシアを支持する者たちは、裁判にかけられている人々との連帯を示したために法廷に立つことになった。歴史家のユーリ・ドミトリエフを支援するために、公判のたびにカレリア地方に行く人たちもいた。ドミトリエフは大量処刑の場所を発見し、スターリンの犠牲者たちの身元、経歴、墓所をつきとめるために三〇年間努力を重ねてきたのだが、そのことが告発の対象となったのである。彼と同じように、歴史家、作家、演劇人たちはソ連の過去の生々しい傷跡を調査しつづけた。そして権力をにぎっている六〇代の人たちとはまったく異なる若者たちがあらわれ、二〇一七年三月からふたたび自己主張を始めたので、わずかな希望がささやかれた。変化の見込みは、ソ連とのかかわりがまったくないといわれる、こうした若者にかかっている。ロシア政権がすでに何世代にもわたって若者たちを打ちのめしてきたことなど、まるでなかったかのように思っている若者たちだ！

二年前に再選されたプーチンが、二〇三六年まで続投することを可能にする憲法改正案を採択させたばかりの二〇二〇年夏、今度はナヴァリヌイが毒を盛られ、瀕死の状態におちいった。家族の決断のおかげでドイツに移送され、命をとりとめた彼は、プーチンの友人であるオリガルヒたちによってロシア南部に建てられた豪華な宮殿についての映画を制作した。この映画で公開された金のトイレブラシは、しばらくの間、抗議運動の新たなシンボルとなった。ナヴァリヌイは二〇二一年一月にモスクワにもどったが、国境を越えたとたんに逮捕された。その後、数年の刑を言いわたされて収容所に収監されている。何度か抗議デモがおこなわれ、新たな逮捕者と新たな移民が生まれた。そしてデモは止んだ。そこには恐怖があった。

ここ数年の間に、ロシアのジャーナリストたちは、ノーヴァヤ・ガゼータのエレーナ・ミラシナやエレーナ・コスチュチェンコのように身体的攻撃を受けたり、イヴァン・ゴルノフのようにいつわりの嫌疑をかけられたり、スパイ容疑で告訴されたりしている。「外国のエージェント」に指定された人もいるし、海外移住したり転職したりする人もいるが、適応した人もいる。アメリカのNGO団体フリーダム・ハウスが作成した世界の政治的自由と民主主義にかんする二〇二一年の年次報告書で、ロシアは一八〇か国のうち、コンゴとホンジュラスに挟まれて一五〇位となっている。ノーヴァヤ・ガゼータは、長い間その針路を維持しつづけ、二〇二一年一〇月には編集長のドミトリー・ムラトフがノーベル平和賞を受賞した。彼はすぐにその賞をすべての編集員と殺害されたジャーナリストたちに捧げた。しかし二〇二二年三月、同紙は発行を停止せざるを得なくなり、編集員の一部は亡命した。

クリミア併合以来、ロシアという挫折した国には、ある機関が残っていた。アンドレイ・サハロフをふくむソ連の反体制派によって設立され、一九八九年にミハイル・ゴルバチョフによって認められた「メモリアル」という機関である。この機関にはふたつの任務があり――ソ連の弾圧を調査することと、ロシアの人権を守ること――、プーチン政権下でふたたび危険がともなうものになったデリケートな問題への取り組みも怠らなかった。なぜなら、ロシア社会は一九一七年から一九五三年にかけての歴史をほとんど知らず、チェチェン、シリア、そして今日ウクライナで、その残虐行為の一部をくりかえしている、あるいは少なくともそのくりかえしを認めているからだ。ロシアのほとんどの都市にレーニン像があるかぎり、この国は民主主義国家や法治国家にはなりえないし、それを望むこともできないだろう。意識のなかに人命には何の価値もないという経験が残っているからだ。司法機関によって事実とは異なる「外国のエージェント」として登録させられ、すべての出版物にこの偽りの記載を添えるよう強制され、数々のお役所的な手続きに従わなければならなかったが、それでもメモリアルは活動を続けた。二〇二一年末、メモリアル・インターナショナルは、クレムリンの命令による裁判で「清算」——正式の用語である——された。そして二〇二二年二月二四日、ヴラジーミル・プーチンはウクライナを攻撃する命令を下した。ロシアが深刻で取り返しのつかない転換点にあることを理解した人々はみな急いで国外脱出をはかった。この戦争は、反体制派のアンドレイ・サハロフがたえず主張してきたこと、つまり世界の安全保障は各国の人権尊重と結びついているということを証明した。

ロシアにはもはや自由なメディアもＮＧＯも独立した司法もなく、自由に活動している野党政治家もいない。政権は戦争犯罪を重ね、倫理はほとんど失われ、責任感を感じているのはごく少数の人たちだけだ。その結果はおそらく予想可能だったが、ロシアでは別の道を選択するために全力を傾けた人たちもいた。アレクセイ・ナヴァリヌイとその若い支持者たち、ヴラジーミル・カラ＝ムルザ、イリヤ・ヤシン、ユーリ・ドミトリエフほか数百人の人たちが今、自国で政治犯となっている。

第18章　プーチンとオーウェル流の歴史の書き換え

ステファヌ・クルトワ

一九八九年のベルリンの壁の崩壊、それに続くいわゆる「人民」民主主義の崩壊、そして最後のソ連解体は、ソヴィエト連邦を構成していた人々を茫然自失の状態に陥らせた。レーニンそしてスターリンの時代にこのうえなく過激な暴力の中で築かれたこの「連邦」はくだけちり、一五の独立共和国を誕生させた。こうした新国家のほとんどは、何十年も前から国家の自由を切望していたので、「連邦」に閉じ込められる前にあった文化的、民族的、あるいは原始国家的アイデンティティをすぐに復活させた。しかしソ連、すべての「社会主義陣営」、そして歴史学者アニー・クリーゲルが「世界的共産主義体制[1]」と呼んだものの母体であり原動力だったロシア連邦は、初代ツァーリであるイヴァーン四世雷帝が死去したときに残し、一八世紀から一九世紀にかけて現在のウクライナ、カフカス、シベリア、中央アジア、極東にまで拡大したロシア・ツァーリ国の、「財産分与」後の状態になっていた。

ロシア、ソ連――歴史的断絶と継続

このロシアは、メシア思想という強力な麻薬に五〇〇年間つかっていた。しかし一四五三年にコンスタンティノープルが陥落したあと、メシア思想によってモスクワは「第三のローマ」とされ、ツァーリは新皇帝と称された。新皇帝は、世界に善を広め悪を罰するために「正教会の長」として神に選ばれたとされる。レーニンはその世界プロレタリアート革命計画でこのメシア思想を復活させ、近代化し、一九一九年には共産主義インターナショナル（コミンテルン）と、五大陸におよぶ数十の共産党を設立して象徴化した。このプロジェクトには、一八四八年にマルクスが共産党宣言で示したような、「ブルジョワ」と「プロレタリアート」の世界的階級闘争を予言した、マルクス主義の科学的イデオロギーが取りこまれている。レーニンは、内戦だけが国内および国際的な規模での「真の」革命を生み出すことができると考え、過激な解釈を重視し、「プロレタリアート独裁」という結論に行き着いた。イヴァーン四世雷帝がすでにその基盤を築いていた独裁体制は、そのオプリーチニキ（絶大な力をもつ彼の親衛隊）の暴力と残虐さによって、名門貴族も、農奴（ムジーク）となった独立農民たちも意のままに服従させ、その後、ピョートル大帝とエカチェリーナ二世によって、西のポーランド人が住む地域、クリミアのタタール人が住む地域、あるいは現在のウクライナ南部のコサック集団が住む地域まで拡大させた。

一六一三年以降、ロマノフ朝によって安定化したツァーリ体制は、拡大主義的、植民地主義的な性質を特徴とし、一九一四年には、太平洋からドイツ帝国とオーストリア＝ハンガリー帝国の国境まで広がる、最も広大な領土をもつ帝国を形成した。その政治体制は、ヨーロッパでは特異なものだった。ツァーリは王国の所有者であると同時に、政治的、軍事的、宗教的権力の唯一の最高責任者でもあった。一九世紀半ばには、農奴制を廃止したアレクサンドル二世の下で、ツァーリ主義は、フランス第二帝政やビスマルクを宰相とする帝政ドイツにならって、徐々に権威主義体制へと近代化されていった。しかし第一次世界大戦の打撃を受けて、この時代遅れの体制は一九一七年三月に崩壊し、短期間の自由民主主義政権が誕生したが、一九一七年一一月七日にレーニンとボルシェヴィキによって権力を奪われた。そして、一九一八年一月一八日、レーニンは、男女の普通選挙によって民主的に選出された最初の――そして一九九一年以前では最後の――ロシア議会である憲法制定議会を力ずくで解散させる命令を下した。その後、レーニンは前代未聞の体制である全体主義を創始した。一九四二年にレーニンが死去すると、スターリンがこの体制を体系化させ、一般化した。

やがてムッソリーニとそのファシスト運動、そしてヒトラーとその国家社会主義党（ナチ）によって模倣されたこの体制は、いくつかの明確な基準を満たしていた。全能のカリスマ的指導者が率いる単一政党を基盤とするこの体制は、党員たちに「准軍事的」規律を課していた。それはレーニンが一九二〇年夏に、共産主義インターナショナルへの加盟二一条件のうち一二番目の条件の中で、「民主主義的中央集権制」と呼んだものである。彼は既存体制の革命的打倒をめざしていた。そして政権を掌握すると、政治的独占権を得て国家の政策決定の場と行政機関を奪取し、立法権、行政権、司法権を支配した。

この政党国家は、単一で均質な世界観である強力なイデオロギーによってつき動かされている。そのイデオロギーは――「階級」的、人種主義的、超国家主義的――革命の原則にもとづいており、当然のこととして拡張主義的で帝国主義的であった。このイデオロギーが義務化され、報道、メディア、教育、文化、芸術、科学など、あらゆる分野で思想や創造を独占した。ソ連では、あらゆる出版物の事前検閲をおこなう機関が創設された――一九二二年にレーニンが創設した「文学・出版総局（グラヴリト）」――だけでなく、映画、演劇、造形芸術、絵画、音楽にも検閲をおこなうことによってこの独占が保証された。このイデオロギーは、顕著なプロパガンダ、一般化された嘘の体系によって維持された。それは政権の否定的側面や犯罪的側面にかかわるものの削除、今日ではフェイクニュースと呼ばれるような真実に反する主張やお粗末な嘘、あるいは神話的な「全体主義の幸福」、有名な「共産主義の輝かしい未来」[2]などの仮想現実によって支えられていた。このイデオロギーは、強制的動員をおこなったり、青年組織コムソモールに若者を加入させたりするのに役立った。一九四一年七月以降、コムソモールの一六歳から一七歳の少年少女は、熱狂的に死地におもむいたのである。[3]

ソ連では、私有財産の廃止を求める共産主義の教義によって、一九一八年から党＝国家が国内のあらゆる富を独占し、食料においても、住宅、暖房、労働および給料においても、国民を意のままにした。それはかぞえきれないほどの反乱を引き起こすことになった。予防措置として、あらゆる抵抗の意志を抑制し、政敵を無力化するために、レーニンは一九一七年一二月二〇日に「党の実戦部隊」あるいは政権の「剣と盾」とされるチェーカーを創設した。チェーカーはただちに集団テロを統治手段として打ち出し、ＧＰＵ、ＮＫＶＤ、そしてＫＧＢという呼び名で、二〇世紀における国家テロの主要組織となった。テロとプロパガンダは共産主義のメダルの表と裏を構成し、一九三六年から一九三八年までNKVD指導者だったニコライ・エジョフと、その妻で国際的なプロパガンダ誌「建設中のソ連」の編集長だったイェヴゲーニャ・ハユーチナの夫妻が一時期その象徴となった。その後ふたりとも新たな粛清の犠牲となった。

一九世紀後半の権威主義的政権は人権と市民権の尊重や、議会制民主主義への道を開いたが、全体主義的政権は逆に、あらゆる民主主義的表現や、党＝国家の管理下にない思想や行動の自由の全体的な敵であり、人間の人格を完全に無視し、大量虐殺や「階級的」ジェノサイドや民族的性格をもつジェノサイドにまでいたる可能性があった。[4] ソ連政権、およびそのクローンである東ヨーロッパの政権は、レーニンやスターリンのもとで、政権維持と統治の手段として集団テロを実践し、イデオロギーとプロパガンダで圧倒する全体主義を経験した。その後継者たちのもとで、テロはKGBおよび東側に結びついた政治警察によって実行される「予防的な」管理と対策のシステムに置きかわった。ゴルバチョフによって一九八六年から発足したペレストロイカとグラスノスチは、体制変化の最後の転身であり、体制の崩壊を引き起こした。つまり全体主義体制は、どんな変質でも破綻を引き起こすようなプログラムにしたがって機能しているのである。ごくわずかなメディアの自由、政治、経済、市場のごくわずかな民主化だけで、ほぼ四分の三世紀にわたって続いてきた体制を崩壊させるのに十分だったのだ。[5]

相続人のいない歴史から権力の支配下にある歴史へ

ソ連崩壊の結果、ロシア人たちは、ロシア連邦においても独立した新国家においても、大きなトラウマを負い、アイデンティティや歴史的座標をすべて剥奪された。ソヴィエト政権を樹立したボリシェヴィキたちは何十年もの間、「人民の牢獄」であるツァーリのロシアと、ツァーリの人物像そのものの権威を徹底的に傷つけてきた。そしてレーニンはこの歴史的断絶を不可逆的なものにするため、一九一八年七月一七日にロマノフ家の全員を殺害する命令を個人的に下した。そして一九一三年の王朝三〇〇周年の際にクレムリンのたもとに建てられたオベリスクの用途を変えて、そこにマルクスやエンゲルスを始めとする共産主義のすべての先駆者たちの名を刻ませた。

しかし一九九一年、ソ連共産主義イデオロギーの残骸はすべて歴史のごみ箱に入れられた。グラスノスチが、政権の犯罪についての真相を暴く最初の機会となったということもある。それまで禁じられていた無数の証言がそれを明らかにしたのだ。ソ連の人々は、一九一八年から一九二一年にかけての内戦を描いたボリス・パステルナークの『ドクトル・ジバゴ』、アレクサンドル・ソルジェニーツィンの『収容所群島』〔木村浩訳。新潮社。一〇七四―一九七七年〕、ヴァルラーム・シャラーモフの『極北コルイマ物語』〔高木美菜子訳。朝日新聞社。一九九九年〕、スターリングラードの戦いについて語りつつ共産主義政権とナチの類似について考察したヴァシリー・グロスマンの『人生と運命』〔齋藤紘一訳。みすず書房。二〇一二年、新装版二〇二二年〕、さらにはアンナ・アフマートヴァの『レクイエム』

などの主要作品をようやく読むことができた。

やがて、こうした記憶をたどる作業に、公式に語られている歴史への批判がともなうようになった。それは党、省庁、共産主義インターナショナル、KGB、赤軍などの権力機関の極秘文書が完全ではないにしても公開されたおかげであるが、とくに一九八九年から一九九〇年にかけて創設された市民団体の活動のおかげでもあった。有名な反体制派でノーベル平和賞受賞者のアンドレイ・サハロフが後援した「メモリアル」は、一九一七年以来の政権の犯罪の真実をおおやけにし、犠牲者の記憶をとどめ、民主主義を守ることを目的とする団体である。一九九〇年には政治的弾圧の犠牲者を追悼する国民の記念日を創設した。一九九一年一〇月一八日、メモリアルはソ連の「全体主義政権」による大規模な迫害の犠牲者の復権のための法律を採択させた。その後一九九二年六月二三日には、こうしたテロの時代に実権を握っていた共産党やKGBのアーカイブへのアクセスを認めさせた。一九九八年には「強制労働収容所年鑑」を発行、二〇〇四年にはグラーグ歴史博物館を開設、さらに一九三四年から一九四一年までのNKVDの主要な死刑執行人の辞書を作成した。なかでもルビャンカの主任死刑執行人ヴァシーリー・ミハイロヴィッチ・ブロキンは、約一万五〇〇〇人もの人々をその手で処刑したのである[6]。

一時期、歴史の道しるべのない、いわば歴史のノー・マンズ・ランドに放り込まれ、数十年間キエフ大公国やロシア・ツァーリ国の古い歴史から切り離されていたロシア国民が、ソ連の「輝かしい」歴史という幻想から突然目を覚まさせられたのである。実際、十月社会主義大革命と世界プロレタリア大革命というレーニン主義の二大神話は、一九二一年から一九二二年にかけて恐ろしい内戦を引き起こし、工業用や農業用の生産機器の大部分を破壊した、ひとにぎりの狂信者による武装蜂起にすぎなくなった。ロシア人はソ連時代について、歴史的現実とあまりにかけ離れた知識をもっていたので、政府は一九九四年、フランスの学者ニコラ・ヴェルトの著作、『ソ連の歴史 Histoire de l'URSS』[7]をロシア語に翻訳し、一〇〇万部以上を高校に配布することを認めた。しかしロシア連邦大統領ボリス・エリツィンは一九九〇年の時点でこの欠落部を早急に埋める必要があることを理解していた。彼はソ連共産党政治局員であったにもかかわらず、帝政ロシアの復権を開始することを決意し、ニコライ二世とその家族を皆殺しにしたレーニンの革命を公然と非難した。犠牲になった皇帝一家のものとされる遺体をDNA鑑定のために掘り起こして身元を特定し、一九九八年七月一六日にサンクトペテルブルクでおこなわれた葬儀に参列した。

しかし、このようなロシア帝政へのノスタルジーは逸話にとどまっていた。国民の歴史と記憶にかんして政権が組織的活動をおこない、政治的目的でそれを操作するようになるのは、ヴラジーミル・プーチンが大統領になってからのことだ。二〇〇九年、「暫定的な」大統領ドミトリー・メドヴェージェフは、一方で「ロシアの利益と国際的権威を傷つけることを目的とする、歴史的事実とできごとの歪曲にかんする情報を収集・分析」し、また一方で「第二次世界大戦とその地政学的影響の歴史的修正に対して[8]」戦うことを任務とする、歴史にかんする大統領委員会を設置した。この「歪曲」というテーマは、政権をあらゆる責任から免れさせ、敵対者に責任を負わせることを目的としたソ連の古い伝統であるお粗末な嘘を彷彿させる。皇帝一家の殺害は、正体不明の盗賊たちの犯罪である。五か年計画の破綻と土地の集団化は、「破壊工作員」と「クラーク（富農）」の活動である。カティンの犯罪はナチの責任である。独ソ同盟はフランスとイギリスのせいである、などといったものだ。この委員会に大きな意義を認めていることを示すため、プーチンはセルゲイ・ナルイシキンを委員長に任命した。サンクトペテルブルク出身のナルイシキンは、ＫＧＢ赤旗大学で学び、二〇〇七年にロシア連邦副首相になり、二〇〇八年に大統領府長官、二〇一六年にＳＶＲ（対外情報庁）長官となった。

二〇一二年、ナルイシキンは新たに設立されたロシア歴史協会の会長に任命された。ロシア歴史協会は、「愛国心、市民意識、国家への忠実な奉仕という基本的価値観を中心に国家をひとつにするために正史を確立する使命を帯びていた。権力への「忠誠」は、スターリン時代の中心的価値観であり、とくにクレムリンの当主に対する忠誠を意味していたのである。その後すぐに、ロシア軍事歴史協会が設立され、さまざまな時代を通じてロシアが華々しい勝利を収めた場所を巡る歴史ツアーや、かつての戦場の発掘作業への参加などによって生徒たちの軍国主義化を促進する役割をになった。海外におけるロシアのソフトパワーを専門とする外交官で文化大臣のヴラジーミル・メジンスキーが会長となったが、彼は二〇一一年に「一五世紀から一七世紀までのロシア史研究における外国人学者たちの客観性の欠如」という博士論文の口頭審査を受けたばかりだった。この論文については何人かの歴史家が事実にかんする考えられない誤りを理由に無効を訴えたが却下されていた。また、メジンスキーは、多くの著作、演劇、映画を検閲させ、スターリンの胸像をいくつもの都市に設置し、二〇一七年にはモスクワにミハイル・カラシニコフの栄誉をたたえる銅像を建てた。カラシニコフは、一九四八年に考案されて以来、五〇〇〇丁から一億丁生産されているカラシニコフ突撃銃の設計者である。「ロシア人の最もすぐれた特徴を体現している」この銃は、「まさにロシア文化の象徴といえる」

とメジンスキーは言ったとされる。

　歴史教育を管理・監督し、歴史学者に歴史の強制的な「方針」を規定するこうしたイニシアティブにくわえ、二〇一二年七月には、「外国のエージェントの役割を果たしている組織」と呼ばれるNGOに対するきわめて抑圧的な法律が施行された。それはとくにスターリン時代に、外国とのあらゆる関係を、死刑にもつながるスパイ活動とみなすパラノイア的傾向を復活させる手段だった。こうしたNGOは「外国のエージェント」として登録するよう強制され、違反すれば重い禁錮刑に処せられた。歴史と民主主義の分野において、それは何よりもまずメモリアルに対する正面攻撃だった。

　その後、二〇一二年一二月一二日にプーチンは、「われわれの国家のアイデンティティ、われわれの国民意識を取りもどすために、内なる力をあたえ国家の発展の意味を教えてくれる千年にわたる連続したひとつの歴史の中で、われわれは時代のつながりを確立しなければならない[9]」と述べた。そして二〇一三年三月一四日、「愛国心をうえつけて、ロシアの軍事史を歪曲して信用を失墜させることを目的とするイニシアティブに対抗する」ことを目的として新設された軍事歴史協会での大統領の演説で、歴史の利用が公然と主張された。フランスの機関であるナポレオン財団は長きにわたり、一九四五年以前のロシア軍の最高の武勲である、大陸軍に対するツァーリ軍の勝利を、ロシア人とともに定期的に記念していたので、この主張には部分的に嘘がふくまれている[10]。

　プーチンは「ロシアの力と将来のおもな資源はわれわれの歴史の記憶のなかにある[11]」と宣言し、これからは権力によって作り上げられた疑似歴史的でかなり神話的な物語がロシアの――対内的および対外的な――あらゆる政策を正当化し、市民の忠誠を示す尺度となることを公式に認めた。そしてすでに大統領は歴史教科書の多様化を懸念しており、「唯一の観点と公式見解」を求めていた。一九三八年にスターリンが有名な『ソヴィエト連邦共産党（ボリシェヴィキ）の歴史概説 Précis d'histoire du Parti communiste (bolchevik) d'Union soviétique』を出版させているので、こうした例は古くからあった。スターリンは個人的にどの行も点検し、ボリシェヴィキ革命の歴史すべてを意のままに書き換え、とくに政敵たち（トロツキー、ジノヴィエフなど）の役割を逆転させた。どの共産主義者も暗記しなければならなかったこの本は、多くの言語に翻訳され、一九三九年にはフランス共産党によって一〇万部出版され、一九四五年以降、さらには一九六九年にもフランスの毛沢東主義者によって出版されている。[12] それは、第三帝国のドイツ人にとって「歴史の記憶」としての役割を果たしたアドルフ・ヒトラーの『わが闘争』に相当するものだ。つまり、どの全体主義政権も、その目的論を正当化する疑似歴史的神話――ナチにとっては人種主義の「宿命」、ファシストにとっては「古代ローマ」、共産主義者にとっては「階級闘争の必然性」――に結びつけているということだ。この宣言は、ヴラジーミル・プーチンが最初に大統領に就任してからすぐに着手した、「歴史的記憶」を創造する戦略を公式に認めるものである。それはふたつの主要テーマにもとづいていた。

第一のテーマは、スラヴ人すべてを統一したツァーリの大帝国についての神話的物語であり、一九世紀のスラヴ主義者の言説を手直ししたものである。西側諸国とその政治的近代化に直面してロシア独自の道を主張し、包囲網と包囲された要塞という妄想的感情を維持していた。「ロシアの領土」を統合したロシア帝国の偉大な伝統を、プーチンは自分のものとした。ロシア帝国は何よりも西側の有害な影響を恐れ、外国人の入国と帝国の臣民の出国を慎重に選別することでその影響から身を守っていたのである。この国境症候群は、ウクライナにかんするプーチンの真の強迫観念を部分的に説明している。一一八七年にさかのぼるこのウクライナという名称は、スラヴ語でまさに「国境」あるいは「辺境」を意味している。同様に、プーチンは帝国がロシア、小ロシア（ウクライナ）、白ロシア（ベラルーシとバルト三国）、およびカフカス、中央アジア、シベリアの植民地地域で構成されるというロシア帝政の見方を引き継いだ。そしてとくに、アゾフ海からクリミアを経由して黒海、さらにベッサラビアにまでいたるノヴォロシアは、一八世紀末にエカチェリーナ二世によって征服され、ロシア人の入植地となる運命にあったが、その後ウクライナ・ソヴィエト共和国に組み込まれた。一九九一年以降、独立したウクライナの一部となったノヴォロシアは、プーチンによるウクライナ侵攻の最初の目標となった。

どの地域の住民たちもツァーリのロシア化政策に従属させられ、とくに公用語としてのロシア語とツァーリへの忠誠のあかしとしての正教を課された。しかし共産主義者でKGB――一九一八年以来、正教会を組織的に破壊した機関――の大佐でありながら無神論者だったプーチンは、一九九〇年代を特徴づける宗教回帰の波にのると決め、総主教キリルを「買収した」。それ以来、総主教は彼の主要な宣伝者のひとりとなった。しかし、このツァーリ神話を復活させることで、ロシア人にとって最も悲惨な側面を思い出させるということを、大統領は「失念していた」。つまり最も穏やかな敵対者を流刑地に送る警察政権――ドストエフスキーはその恐ろしい経験を「死の家の記録」で語り、ソルジェニーツィンとシャラモフの強制収容所にかんする物語の先駆けとなった――、あらゆる出版物への国家による事前検閲、学生の海外大学への留学禁止、農民の大部分の農奴身分の継続、一八五三年から一八五六年までのフランスとイギリスに対するクリミアでの悲惨な戦争――オスマン帝国領土への侵攻によるものだった――そして一九〇五年の日本に対する戦争などである。プーチン政権は、一九一七年三月の体制崩壊を引き起こしたこうした大きな欠陥を組織的に隠蔽した。

プーチンの方向性に影響をあたえたのは、何人かの著作家たちだった。コンスタンティン・レオンチェフは一九世紀の哲学者で、ルネサンス以降のヨーロッパ衰退についての理論家、ニコライ・ダニエレフスキーは、西側に敵対的な「ロシア流のやり方」の一九世紀の理論家、イワン・イリインは、最も反動的な「白系」の公式イデオローグである。レフ・グミリョフは、西側に敵対的なユーラシア思想に近い、東洋学者で民族誌学者である。そしてとくにアレクサンドル・ドゥーギンは、一九六二年生まれの多言語話者で、秘境主義、神秘主義の信奉者であり、一九九三年には国家ボリシェヴィキ党の共同創立者となった。その後、帝政ロシアのあらゆる側面に拡大された「第三のローマ」ロシアを旗印とするユーラシア主義の主唱者となる。また彼はナチ親衛隊の長官ラインハルト・ハイドリヒを「確信的ユーラシア主義者[13]」と評した。

この超国家主義的精神にもとづいて、プーチンは二〇〇四年に新たな国民の祝日を制定した。ソ連時代には、五月一日の労働者の祝日と、一一月七日の十月革命を記念する祝日のふたつの公式祝日があったが、新たな祝日は民衆蜂起を記念するために一一月四日に定められた。一六一二年一一月四日、ポーランド軍をモスクワから追い払い、一六一三年にロマノフ朝が開始されたのである。その後プーチンは「聖ゲオルギー・リボン」――ロシアの守護聖人の名にちなみ、ロシア帝国時代にすでに聖ゲオルギー勲章があった――を、ドンバスのすべてのウクライナ人に対して、そして同時に「第五列」

つまりロシア国内で彼の政権に反対する人々に対して、ロシア人であると主張するすべての人々の「愛国の」確認のしるしとしたのである。

プーチンの「大祖国戦争」神話、ロシアの新たなアイデンティティである全体主義的基盤

プーチンが歴史の書き換えでもちいた第二のテーマは、「祖国戦争」の記憶にかかわるものだ。当初この表現は、ナポレオンに対するロシアの勝利を意味していたが、「大祖国戦争」と改称され、第二次世界大戦へのソ連の参加を意味づけるためにスターリンによってもちいられた。[14] ブレジネフ政権下の一九六五年には、ソ連の力をたたえると同時に「ソヴィエト人民」がヨーロッパ、そして世界をナチの蛮行から解放したことを思い出させるため、最初の記念祭がおこなわれた。このテーマは、イデオロギーを欠いたボリス・エリツィンによって字義通りに取りあげられ、ヴラジーミル・プーチンも大統領に就任してすぐに言及している。とくに二〇〇五年五月七日付けのル・フィガロ紙に掲載された論文の中で、プーチンは、一九三九年八月二三日の独ソ不可侵条約に言及せざるを得なかったものの、それを一九三八年九月のミュンヘン協定【ドイツ、イギリス、フランス、イタリアの首脳会議でナチス・ドイツへのズデーテン地方（チェコスロヴァキア）の割譲を認めた】との虚偽の対称関係に置き、一九三九年九月二八日のドイツ・ソヴィエト境界「友好」条約についてはあえて言及を避けていた。[15] 彼は赤軍によるナチズムからのヨーロッパ「解放」と、ロシア人が「他の人々に自由をもたらした」ことを称賛していた。しかし「解放」と「自由」を混同し、東ヨーロッパ諸国をソ連が暴力的に併合

しソヴィエト化したことや、中央ヨーロッパを共産化したことについては何も語らなかった。

そしてプーチンはとくに、他の数千の村と同様にナチ占領軍によって焼きはらわれたベラルーシのハティニ村に哀悼の意を表した。実際には、一九四〇年四月にNKVDが四二四三人のポーランド人将校を殺害した（総計で二万二〇〇〇人近いポーランド人捕虜が射殺された）カティンの森の記憶を消すために、一九六九年にKGBによって作り上げられた隠蔽記憶であるが、アメリカ大統領リチャード・ニクソンもその記念施設を訪問している。ゴルバチョフとエリツィンはカティンの森の犯罪を認めていたが、プーチンは逆に、一九四二年から一九四三年にかけてスターリンやその後継者たちが維持してきた責任拒否を継続している。さらに二〇〇五年三月、ロシアは「極秘」とされた既存の一八五冊の文書のうち一一六冊について、ポーランドへの引きわたしを拒否し、軍事検事総長アレクサンドル・サヴェンコフは十年間におよんだ審理を不起訴で終了させた。彼は虐殺を「軍事犯罪」として五〇年間の時効を適用し、時効のない人道に対する罪やジェノサイドと呼ぶのを避けたのである。

ヴラジーミル・プーチンはフィガロ紙の論文の最後で、「ロシア、ドイツ、フランスのパートナーシップは、国際関係と欧州対話の重要なプラス要因となる」と述べ、「大西洋からウラル山脈、そして事実上太平洋にまでいたる統一された大ヨーロッパ」を提案し、その中で「ヨーロッパの人々はナチとの戦いと同様に、全面的にロシアに頼ることができる」とした。「大祖国戦争」、ユーラシア、ヨーロッパにおけるナチズムの存続——その後すぐにバルト三国、ウクライナ、チェチェンなどの敵対者に対して用いられることになる——といった主要テーマはすでに提示されていた。

しかし独善的なこの物語はいくつかの大きな障害につきあたる。実際のところソ連を勝利に導いた「スターリン元帥」は、一九八九年～一九九〇年以降、何百万人もの罪のない市民を死に追いやった残虐な独裁者として人々の目に映っていた。一九三一年から一九三三年にかけての土地の集団化によって引き起こされた大飢饉（ウクライナで四〇〇万人、カザフスタンで一五〇万人の死者）、一九三七年から一九三八年にかけての大粛清（七〇万人が頭に銃弾を受けて殺害された）、一九四四年には民族全体の強制移送（チェチェン人とイングーシ人五五万人、クリミアのタタール人二四万人など）、そして強制収容所に送られそこで死亡した犠牲者たちがいることはいうまでもない。そこで、このイメージを修正して、スターリンを、力強い国家のおかげで赤軍を勝利に導き、ロシアを拡大した領土で復活させ、ソ連を世界第二位の核保有大国にした「偉大な支配者」として称賛することが急務だった。

二〇〇七年、小中学校、高校、大学向けの新しい歴史教科書には次のように書かれていた。「大規模な弾圧とテロは、〝社会的安定〟と経済的安定を確保するため、国家の産業化と近代化を図るための合理的かつ実践的な政治運営方法である」。プーチンの精神に従って、著者たちは対立する勢力、さらには虐待者と犠牲者を同じように扱うことで、国史の〝両立的〟ヴィジョンを提示している。「全員が大ロシアの善のために行動したロシア人だったのだ（後略）」[16]。そして理の当然として、この方向性はイヴァーン雷帝の復活につながり、二〇一六年に最初の記念碑が建立され、二〇一六年一〇月にはロシアの軍事サイトに次のようなコメントが掲載された。「イヴァーン雷帝は偉大なヒューマニストだった」[17]。これもまたオーウェルが描いた世界のようだ…。これは歴史を地政学的な観点で見た場合ということであり、二〇一七年のアンケートで、世界史上最も重要な人物として、スターリンが三八パーセントを維持し、プーチン、プーシキンより上位にいるのは、そうした理由からである。二〇一八年一月、ロシア文化省はイギリス人映画監督アーマンド・イヌアッチの映画「スターリンの葬送狂想曲」を禁止した。この映画はヴォーシュト（指導者）の死去に直面した政治局という小さな世界をおもしろおかしく風刺しているが、全体主義指導者たちの残虐性、全能への欲求、凡庸さをよく伝えてもいる。

プーチンの疑似歴史物語が直面した第二の困難は、道徳的なことだった。ソヴィエト政権は、その犠牲に関心をもたずに勝利を美化したが、アーカイブを公開したことでソヴィエトの損失が甚大であったことが明らかになった。そして、死者二〇〇〇万人という数字は、一九六〇年代には二七〇〇万人にはねあがった。民間人一五〇〇万人、軍人一二〇〇万人（ドイツの三〇〇万人に対して）で、そのなかには脱走という口実でNKVDによって前線の後方で処刑された一二万人以上の兵士が含まれていた。スターリンの責任はきわめて重いものとなった。一九三七年から一九三八年にかけて彼は軍事評議会のメンバー八五人のうち六八人を処刑し、三万五〇〇〇人の将校を粛清して軍から有能な幹部を奪った。度重なる警告があったにもかかわらず、彼は一九四一年六月二一日までドイツ軍の攻撃があると信じていなかった。しかし当初から人命を尊重してこなかった政権によって犠牲となったこうした無数の民間人と軍人の犠牲者たちは、巧妙なやり方でプーチン政権によって殉教者に変えられ、英雄たちと同じように敬意を表された。

第三の困難は歴史にかんすることだった。実際、「大祖国戦争」に注意を向けることで、プーチンはソ連の前任者たちと同様に、第二次世界大戦の引き金となった二〇世紀の歴史における重大な瞬間であるヒトラーとスターリンの同盟をうやむやにしていた。これにかんして、とくにいくつかの重要なエピソードについて、ソ連時代にすでに国際的な歴史論争が起こっていた。最初の論争は、フランスとイギリスがソ連へと向かわせようとしていた攻撃的な第三帝国に対する防衛措置として提案された、一九三九年八月二三日のいわゆる「不可侵」条約の事実と意味にかんするものだった。しかし、一九四八年にアメリカは、条約に付随する秘密議定書の存在にかんするドイツの資料を公表した。秘密議定書はポーランド東部（現在のウクライナ西部）、とバルト三国およびルーマニアのベッサラビアの勢力圏をソ連に帰属させることが定められていた。[18] ソ連によって長い間否定されてきた議定書の存在は、一九八九年一二月に人民代議員大会によって、そしてその後エリツィンによって真正なものとして認められた。しかし今日、多くのロシア当局者は、それが「ソ連を中傷する」ため、そしてロシアを中傷するための捏造であると主張し、声をそろえて「歴史の歪曲者」[19]を非難する。この主張は今に始まったことではなく、一九四八年にはフランスまでその声が聞こえてきていた。ソ連は、ルイ・アラゴンが序文を寄せた『歴史の歪曲者（歴史的概要）Les Falsificateurs de l'histoire (notice historique)』（原文のまま）と題するフランス語のパンフレットを発行して反論したのだ。そして、一九五三年にはフランス共産党が二人の歴史学者に、『一九三九年についての真実 La Vérité sur 1939』を出版するよう促し、その中で、こうした議定書が根拠のないものであることを、苦労しながら「論証していた」[20]。

しかし、ブルガリアとロシアの資料が公開されたことで、ソ連のエリート政治局員となった共産主義インターナショナル（コミンテルン）書記長、ゲオルギ・ディミトロフ[21]が保管していた日記の存在が明らかになった。その中でディミトロフは、一九三九年九月七日にクレムリンに召喚されたと記していた。クレムリンでは、スターリンが「帝国主義間の矛盾の激化」にかんするレーニンの立場を想起させながら、自分の策動の意味を彼に説明した。


戦争は、資本主義のふたつの国家集団（植民地、原材料などにかんして貧しい国と豊かな国）の間で起こっている。

世界を分割するため、世界を支配するために！

彼らが大いに戦って、おたがいを弱体化させることにわれわれは何も反対しない。

ドイツのおかげで最も豊かな資本主義国家の状況が危機的なものになるなら（とくにイギリス）、悪いことではない。

ヒトラーは、それに気づかず、また彼自身はそれを望んでいないが、資本主義制度を揺るがし、切り崩している。（中略）

われわれは彼らがもっと分裂するように操作し、一方をもう一方に押しつけることができる。

不可侵条約は、ある程度はドイツを助ける。

次は、反対側から後押しをする必要があるだろう。[22]

そしてスターリンは、レーニンが一九一四年にとった敗北主義的態度といえるような共産党の路線を完全に変更することへと話を転じた。

資本主義国の共産主義者は、決定的なやり方で、自国の政府に対して、戦争に対して反対の立場を取らなければならない。

戦争前は、民主主義政権とともにファシズムに対抗するのは完全に正しかった。

帝国主義大国間の戦争中には、もはやそれは正しくない。

ファシストの資本主義国家と民主主義の資本主義国家の区別は、もはやその意味を失った。

戦争は根本的な変化をもたらす。

きのうの統一人民戦線は、資本主義体制下での隷属状況を緩和することを目指していた。

しかし、帝国主義的な戦争という状況下において、問題は隷属状況を消滅させるということだ。


スターリンは、民主主義とファシズムの区別をなくすことで、善良なボリシェヴィキらしく、あらゆる民主主義的価値観への拒否を示し、即時の社会主義革命、つまり「隷属状態の消滅」を話題にした。彼がこの表現にあたえた意味は、次の展開で明らかになった。


かつて（歴史上）、ポーランド国家は国民国家だった。それが、革命家たちが分割と隷属から国家を守った理由である。

今日、それはウクライナ人、ベラルーシ人などを隷属させるファシスト国家である。

現在の状況において、この国家の破壊は、ファシストのブルジョア国家がひとつ減るということを意味するだろう！

ポーランドの消滅が、新たな領土や新たな人々に社会主義体制を広げる結果になるとしたら、何か不都合なことがあるだろうか？

そして、一九四〇年三月五日の政治局令の公表によって、カティンの森の虐殺をナチの責任にしようとするソ連の主張がついえたのと同じように、ディミトロフの日記の発表は、ソ連が純粋に防衛的な同盟を結んだという伝説をだいなしにし、スターリンが帝国主義的拡大政策をおこなうためにいかに戦争を利用していたかを明らかにした。ヴラジーミル・プーチンが、独立国家ウクライナを破壊してロシアに併合するという考えを、どこから得たかがわかる。さらに、アメリカ人が公表した文書は、一九三九年九月二八日――ポーランド国家が徹底的に破壊されたあと――の第二の「境界友好」条約について大幅に見なおさせることになった。それは、ナチの戦争を継続させるきわめて重要な資源である石油と小麦をドイツに保証する貿易協定にかんするものだった。

しかしそれも、一九五六年からGRUのメンバーだった幕僚長レフ・ソツコフが、二〇〇八年に情報機関の機密解除された七〇〇ページにおよぶ資料を公開する妨げにはならなかった。それを公開したのは、一九三九年八月一五日にヴォロシーロフ元帥がモスクワにいた英仏代表団に軍事同盟を提案したが、それを拒否されたためにスターリンはドイツを選択することになったのだという名目で、ヒトラーとスターリンの同盟を正当化するためだった。そして二〇一九年八月末にも、ロシア外務省はソーシャルネットワーク上で同じ言説をくりかえしている[23]。とはいえソツコフ幕僚長は、一九三九年八月四日にすでにモロトフがモスクワにいるドイツ大使を呼び出して、ソ連が両国関係の正常化を望んでいると率直に述べたことを想起させないように注意をはらっていた。八月八日、ヒトラーがスターリンにバルト海から黒海まで自由にしていいと伝えていたこと、そして八月一五日、英仏代表団との会談の一〇時間ほど前に、ドイツ大使が両国関係の正常化計画をただちにモロトフに伝えるようにという命令を受け取っていたこと、そのあとモロトフが、不可侵条約の草案で応じて、ドイツ外相リッベントロップがモスクワに赴いて署名するという提案をしたことも、である。

もちろん、ヴラジーミル・プーチンは、彼が書き換えた歴史と食い違うこうした障害をすべて克服し、「大祖国戦争」をロシアの新たなアイデンティティの重要な基本要素とした。「記憶の義務」を操作して、この戦争の輝かしい記憶と悲劇的な記憶を再活性化し、アーカイブの知識にもとづいた歴史を押しのけ、一掃した。フランスでは、第一次世界大戦と第二次世界大戦の死者の追悼は、各村、各都市、国鉄や地下鉄の駅などの多くの施設の戦没者記念碑に個人名を刻んでおこなわれた。同様に、ショア（大量虐殺）の犠牲者は、ショア記念館で個別に目録を作成され、毎年顕彰されている。ソ連では、力と「ソヴィエト人民」をたたえて集団名で追悼がおこなわれた。たしかに個人名の追悼であれば、軍事的被害や人的被害の大きさを劇的に示すことになっただろう。プーチン政権は、個人名での追悼をおこなって、多くの家族のなかにある一九四一年から一九四五年までのトラウマにまつわる感情をかきたてようという考えをもっていた。これには、内戦、大粛清、一九三二年から一九三三年にかけてのウクライナの飢饉などの大量犯罪にまつわるトラウマを覆いかくすという利点もあった。ウクライナの飢饉については、ウクライナのどの村にも犠牲者の記念碑が建てられたことはなかった。

この話は、西シベリアのチュメニ市で、退役軍人――今では八〇歳以上――の評議会が「勝利者の行進」と称する行進を組織し、小中学生や高校生がそれぞれ、多くは自分の家族である退役軍人の写真を掲げて行進した二〇〇七年に端を発する。二〇一〇年にはモスクワでもこの運動がおこなわれ、二〇一二年五月九日にはトムスクでもおこなわれた。メディアはそれを「不滅の連隊」と呼んで話題にした。二〇一三年にはこの運動が一二〇都市に、二〇一四年には五〇〇都市に広がり、二〇一五年にはソヴィエトを強く連想させる「歴史的・愛国的地域間大衆運動不滅連隊」という名称で公認された。そしてクリミア併合後の二〇一五年五月九日、モスクワでは軍事パレードのあとに、五〇万人近い人々が行進した。彼らは父親、祖父、曾祖父の写真を掲げていたが、こうした「英雄」の多くは戦死したのではなく、戦時中に生きていたというだけの人々だった。ヴラジーミル・プーチンは父親の写真を掲げて先頭を歩いていた。

二〇一七年、下院委員会は一九四一年から一九四五年までの死傷者数を二七〇〇万人から四二〇〇万人へと評価しなおした（民間人二三〇〇万人、軍人一九〇〇万人）。国家から独立した歴史家によって確認されていないこの数字には疑問があった。それが正しければ、ヒトラーとの不確実な同盟によってロシア国民を大きな歴史的悲劇に陥らせたスターリンにかぎりなく重い責任を認めることになる。ロシアはそこから立ち上がるのにまだ苦労しているのだ。これは輝かしい「大祖国戦争」の神話を損ねることになりかねない。したがって、この数字のかさ上げは、犠牲者、つまりは殉教者の数をけたはずれにふくらませて、ロシアのいわば政治的・道徳的優位性を全世界、とくに西側諸国に認めさせるためである可能性が高い。さらにプーチンは、二〇一二年五月九日の演説で次のように主張している。「われわれには、根本的かつ永続的な方法で自分たちの立場を守るという無限の道徳的権利がある。なぜならナチによる最大の攻撃を受け（中略）、全世界の人々に自由をもたらしたのはまさにわが国だからだ」。二〇一三年、メジンスキー大臣は『戦争——ソ連の神話　一九三九—一九四五 La Guerre. Les mythes de l'URSS 1939-1945』（ロシア語版）という著作の中で、この議論を取りあげた。西側連合国のはるかに少ない死傷者数を引き合いに出して、彼は次のように結論づけている。「それでは、わが国を除く他の国々は、戦後ヨーロッパの運命を決定するためのどのような道徳的権利をもっていたのだろうか」。歴史家たちがスターリンとヒトラーの同盟を明らかにしたあとで、スターリンの「道徳的権利」にあえて言及するとは、なんと軽率なことだろう。

二〇一八年、公認され、国家から補助金を受けるようになった不滅の連隊運動はロシアの七三地域に広がり、一〇〇〇万人以上が参加し——その多くはスターリンの肖像を掲げていた——、国外でも八〇か国以上で実施された。肖像を神聖なイコンのように掲げた行列は、宗教的な礼拝行進を思わせたが、ナチズムと同一視されたヨーロッパに向けられた戦争を思わせる歌がともなっていた。プーチンは、超愛国的なヒステリーに近い感情と、先祖が戦争の兵士だったがゆえに歴史的知識にアクセスすることをためらう国民の乗り越えがたい心理的障壁を最大限に利用した。マルセル・プルーストが書いたように、「事実というものは、私たちの確信が住まう世界にはいりこみはしない」（『失われた時を求めて　第一篇スワン家の方へ』、鈴木道彦訳、集英社）。それは、ロシアの新たなアイデンティティの土台となるとみなされている確信である。

戦争で亡くなった英雄たちへの崇拝は、全体主義体制に典型的な戦争崇拝と紙一重である。全体主義体制はイデオロギーのための戦いで殺害された活動家たちを象徴的な英雄に変えてきた。自分の両親を「富農」として告発したスターリン主義者の若者たちの英雄であるパヴリク・モロゾフ少年もそうであり、共産主義者によって殺害されたナチ戦闘員で、ナチ党歌「ホルスト・ヴェッセルの歌（旗を高く掲げよ）」にその名を残した有名なホルスト・ヴェッセルもそうである。しかしアレクサンドル・ドゥーギンが説明したように、この運動はさらに大きな意味をもつようになる。

不滅の連隊は、生者の世界と死者の世界を直接結びつけるきわめて深遠な儀式である。死んだ英雄が戻ってきて、子孫たちとともに歩く。人々の永遠の地平線である子どもたちが彼らとともに歩く。（中略）死者が戻り、死者が生き、死者がわれわれの血のなかに溶ける。彼らはわれわれに合図をする。（中略）それが不滅の意味だ。われわれのそば、われわれ自身、そして未来における死者の具体的な存在。（中略）これは人々にとって教育的で統合的な行進であり、死者がその偉大さに比べてすべてがどれほどとるにたらないものであるかを示す儀式である。（中略）不滅の連隊の中で、わが国民はよみがえる。人々とロシアは生命以上の価値をもつ。このめざめは（中略）われわれの再生の出発点となるに違いない。[24]

「死者は生者をして財産を所有せしめる」というフランスの古い表現を思わせる。これはもともとは、王が亡くなったあと息子が自動的に跡を継ぐことを意味している。しかし、腐敗した犯罪的な旧ソ連体制が新しい社会を汚染するということでもある。プーチンにとって、不滅の連隊の創設は、「大祖国戦争」を中心とする人為的な言説の周囲に、最初は自発的に、次いで強制的に国民を動員するための典型的な全体主義的行動への移行を意味している。不滅の連隊は、加速するロシアの軍事化、そして何よりも彼の青春時代の一部に栄誉をあたえることになるのだ。

プーチンの大量虐殺否定からヨーロッパの記憶の分裂まで

じつのところ、一九四五年の勝利を強調するのは、ソ連の決定的な崩壊と冷戦終結時の共産主義体制の最終的な敗北をプーチンが公式に認めるのを拒否していることを覆い隠す、隠蔽記憶を作り出すためである。チェキストである彼の全能のDNAにとって、敗北は想像を絶することであり、したがって受け入れがたいことだった。プーチンは二〇〇〇年二月九日にすでに次のように述べていた。「ソ連の崩壊を残念に思わない者には心がない。そしてそれを同じやり方で再構築しようとする者は頭が悪い」。「同じやり方」であればたしかにそのとおりだが、違うやり方で再構築することを妨げるものは何もない。

しかし、この隠蔽記憶そのものは、一九三九年から一九四五年にかけて、大西洋から太平洋まで広がる広大な空間を生み出したヒトラーとスターリンの同盟の存在によって破壊されている。ふたつの全体主義体制が、あるときは同盟関係、あるときは戦争によって支配してきたその空間では、あらゆる思想、あらゆる民主主義的実践が追い払われていた。ロシアは、ふたりの独裁者の共謀の犠牲となった国々にあたえた大きなトラウマ、一九三九年から一九四一年までのソ連の最初の占領と一〇四四年以降の二度目の占領が残した深い傷跡を公式に認めるのを拒否している。そのことが、記憶、政治、領土の重要な対立を引き起こしつづけている。ロシアの「過ぎ去らない過去」に対して、ソ連とナチス・ドイツの同盟はヨーロッパの記憶の盲点となったままである。かつての「人民民主共和国」のほとんどの国とバルト三国は、欧州連合に加盟したことでたしかに傷跡は消えた。これらの国々の国境は現在、欧州連合とNATOに加盟したことで保証されている。それでもロシアは、たとえば各国の情報システムへのハッカー攻撃などによって、執拗な攻撃を続けている。しかしクリミアを併合し、ドンバスを占領し、ウクライナ全土を攻撃することで、ロシアはルビコン川を渡り、ヒトラー＝スターリン同盟にさかのぼるあらゆる古傷を一気に開かせることになったのである。

こうした状況にあるヨーロッパの集合記憶は、再統合にはほど遠く、公然と対立していることも多い。[25] ヨーロッパでは、とくに第二次世界大戦に関して、はっきりと区別される三つの記憶が継続している。中央ヨーロッパと東ヨーロッパ、とくに旧ソヴィエトのバルト三国と西ウクライナには、共産主義の悲劇的な記憶が残っており、東ウクライナも一九三二年から一九三三年にかけての大飢饉によるトラウマを負っている。[26] 反対に、西ヨーロッパはアメリカの保護を受けたおかげで、一九四五年以降、市民の平和と繁栄の中で生活し、共産主義の輝かしい記憶を維持している。その記憶は概して、フランソワ・フュレが「十月の普遍的な魅力」と呼んだもの――「冬宮殿の奪取」というすべての革命家の夢――、一九三〇年代の反ファシズム――人民戦線、スペイン内戦など――、一九四一年六月二二日以降のナチやファシストの占領者に対する抵抗運動での共産主義者の積極的な関与といったものの記憶にもとづいている。共産主義の強力なプロパガンダは、半世紀にわたって、反ファシズムを過剰に記憶させ、ソ連＝ナチ同盟を忘れさせることに貢献した。ロシアに関しては、悲劇的であると同時に輝かしいものでもある統合失調症的な記憶にとらわれている。一方で、テロ、飢饉、強制収容所、戦争、独裁の記憶の痕跡が、かぞえきれないほどの家族に影響をあたえている。他方で、プーチン政権は、「大祖国戦争」と一九四五年の勝利の記憶だけでロシアのアイデンティティを再構築しようとしており、それ以外のものはすべて覆いかくしている。

こうした記憶の戦いは、ヨーロッパの誰もが知る機関にも影響をあたえている。二〇〇五年三月、ポーランドの欧州議会議員ズビグネフ・ザレスキーは、欧州議会でカティンの森の犠牲者のために一分間の黙祷を捧げるよう求めたが、却下された。二〇〇六年一月二五日、スウェーデンの国会議員ヨーラン・リンドブラッドは、長い準備作業を経て、「国家社会主義の名のもとに犯された恐ろしい犯罪の場合と同様の」、「共産主義体制の犯罪」に対する非難を呼びかける第一四八一号決議を欧州評議会議員会議に提出した。彼は共産主義者による激しいキャンペーンに直面した。とくにロシア連邦共産党党首でレーニン、スターリン、ブレジネフの後継者であるロシア代表議員ゲンナジー・ジュガーノフの活動が目立っていたが、フランス共産党も同様のキャンペーンをおこなった。最終的にこの決議案はわずか九九人の議員によって承認されたが、四二人は反対票を投じ、一二人は敢然と棄権した[27]。

まさに人権と民主主義を守るために一九四九年に創設された欧州評議会にとって、この暗黒の日は反発を引き起こした。二〇〇九年四月二日、欧州議会は「欧州の意識と全体主義」にかんする決議を採択し、不可侵条約が結ばれた八月二三日を、ナチズムとスターリン主義による犠牲者追悼のための欧州の日とした。一九二四年以降にあらわれ、一九三〇年代に多くの分析家によって展開され、一九五一年にハンナ・アーレントとその有名な三部作[28]によって再燃した「全体主義」という歴史的概念は、まさに歴史的記憶の課題となったが、共産主義とナチズムを比較対照することを拒否する人々からは拒絶された。ヒトラーとスターリンの同盟はもちろん重要な点である。そうした観点から、リンドブラッドは二〇一一年に、ヨーロッパの記憶を調和させることを目的として、数十の記念施設を統合した欧州記憶良心機構のプラットフォームを創設した。[29] しかし事はそう簡単ではない。二〇一四年に同機構がショア記憶財団と協力して、三一か国の一六歳から二九歳までの若者を対象に実施した大規模調査[30]で、第二次世界大戦の歴史的知識が全般的にかなりとぼしいことが浮き彫りになったのだ。たとえば「一九四〇年、ナチス・ドイツとソ連は戦争状態にあったか、それとも同盟関係にあったか?」という質問には、回答者のうち平均して四一パーセントが「戦争状態」と答え、三〇パーセントが「同盟関係」、二九パーセントが「わからない」と答えている。ポーランドとウクライナの若者はそれぞれ四六パーセントと四三パーセントが「同盟関係」と答えたが、フランスでは三七パーセントだった。さらに希望がもてるのはロシアの若者の五三パーセントが「同盟関係」と答えたことであり、フランスの哲学者ポール・リクールが提唱した「公正な記憶」の取り組みが若い世代の間で進んでいることを示しているが、しかしこれはクリミア併合前のことだった…

二〇一〇年四月七日、ポーランドとロシアの首相――トゥスクとプーチン――は、初めてカティンで虐殺の記憶を追悼した。プーチンはスターリンとNKVDの責任を認めたが、それ以外のことをするのはむずかしかったので、ポーランド国民に謝罪することはしなかった。そして四月一〇日、ポーランド大統領レフ・カチンスキとともに政治・軍事の最高幹部やカティンで殺害された将校の家族が乗った飛行機が、スモレンスク近くの飛行場で墜落した。プーチンは七日にこの飛行機への同乗を拒否していたのだった。ロシア側はポーランド人が捜査に参加することを拒否し、パイロットの過失によるものと結論づけた。しかしロシアが大統領専用機を整備したことや、スモレンスクの管制塔の行動については疑問を抱かざるを得ない…。ひとつ確かなことは、この墜落がポーランドとロシアの関係を著しく悪化させたということだ。カティンは一九四〇年よりずっと以前からNKVDによる大量殺戮の中心地であり、そこに建てられた記念碑にかかわる犠牲者は、ポーランドよりもソ連の方が多い。

共産主義とソ連の悲劇的な記憶を考慮に入れることを拒否された中東欧諸国がいらだっていることは理解できる。二〇〇六年一一月二八日、ウクライナ議会は一九三二年から一九三三年にかけての大飢饉を「ジェノサイド」と定義する法律を可決し、国内各所にある五五〇〇体以上のレーニン像を撤去させた。二〇一三年一二月のマイダン革命では、キーウ中心部にあったレーニンの巨大な胸像が撤去されている。またエストニア政府は、タリン中心部を占拠していた「赤軍解放兵士」の像を移設した。ソ連共産主義の犯罪についての真実が覆い隠されたり、否定されたりしつづけているような国では、そうした例がふえるかもしれない。

その犯罪的側面が明確に確立されてロシアに認識されるまで、ロシアがヨーロッパに残した傷は癒えず、欧州統一の確固たる基盤を欠くことになるだろう。つまり平和と人道に対して犯された犯罪

──そしてそれにともなうジェノサイド──についての真実であり、それだけが精神と心の統一を確かなものにするのである。なぜなら、ルーマニアのマラムレシュ県シゲトゥ・マルマツィエイにある共産主義の犠牲者を記念する博物館の創設者で、ルーマニアの女流詩人アナ・ブランディアナが述べたように、「正義が記憶の形をとることができないとき、記憶だけが正義の形をとる」からだ。そしてこの記憶は、たゆみなく勤勉に継続される歴史研究にもとづくものでなければならない。

しかし、キーウでのユーロマイダン後のクレムリンの暴力的な反応、ヤヌコーヴィチのロシアへの逃亡、そしてクリミア併合とドンバスでのハイブリッド戦争は、クレムリンの言説や行動をエスカレートさせ、政権の性質を権威主義から全体主義に転換させるまでになった。歴史に関しては、ウクライナに対する戦争に備えて、プーチンは言説から行動に移った。二〇二一年一二月二八日、ロシア最高裁判所は、メモリアル・インターナショナルの解散を宣告した。検察官アレクセイ・ジャフィアロフによって、「二〇世紀の弾圧というテーマについて思索した」、「ソ連がテロリスト国家であるという偽りのイメージを作り出した」、「ナチ犯罪者の嫌疑を晴らし、名誉を回復させた」として起訴されたのである。アレクサンドル・ソルジェニーツィンは、ソ連から追放される前の逮捕の日である一九七四年二月一二日に書かれた文章の中で、予見する形ですでに彼に次のように答えていた。

暴力が人々の平穏な生活に乱入するとき、その顔は傲慢にきらめき、自分の名を厚かましくも旗に書き込み、叫ぶのだ。「われこそは暴力！　この場所から離れよ、さもなくばひねりつぶす！」。しかし暴力はすぐに老いる、何年かすれば暴力は自信を失い、みずからを維持するために、うまく切り抜けるために、強制的に嘘の同盟を求める。なぜなら、暴力は嘘以外のもののうしろに隠れることはできず、嘘は暴力によってしか保たれないからだ。そして、暴力がその重い足をかけるのは毎日でもなく、すべての肩でもない。暴力がわれわれに要求するのは、嘘への服従、毎日の嘘への参加だけであり、暴力が忠実な臣下に期待するのはそれだけだ。そしてまさにそこにあるのは、われわれによってなおざりにされているが、とても単純ですぐに手の届く、われわれの解放の鍵だ。個人的に嘘に参加するのを拒否することだ！　嘘がすべてを覆い隠そうと、嘘がすべてを支配しようとかまわない、だがせめてこの点だけは譲らないでおこう。嘘が自分から出たものにならないように！[31]

第19章　プーチン、オリガルヒたちの首領

セシル・ヴェシエ

成人ひとりあたりの年収の中央値が一〇〇〇〇ドル未満のロシアは、アメリカや中国を大きく引き離して、世界で最も不平等な国のひとつとなっている。二〇一三年に作成されたクレディ・スイスの報告書によると、国内の富の三五パーセントは一一〇人が所有しているとされており、それ以降もあまり変わっていないとみられる。[1] 二〇一七年の別の調査では、ロシアの人口の一パーセントに国内資産の七四・五パーセントが集中していることが明らかになった。[2] 特権者の中の特権者、それがコート・ダジュールやトスカーナでヨットや宮殿を購入したオリガルヒたちであり、彼らはしばしば複数のパスポートを所有して、子息をハーヴァード大学やオックスフォード大学に留学させているが、ウクライナ侵攻後は経済制裁を受けて、今はライフスタイルを見直さなければならなくなっている。

一九九六年以降のロシア情勢の中でよく使われているこの「オリガルヒ」という用語を定義するの

はそれほど簡単なことではないが、この社会的集団がの存在が決定的なものとなった歴史的な時期がいくつかある。すでに裕福だったロシア人がフォーブス誌の世界長者番付に名をつらねることを可能にした、「株式担保融資」の操作がおこなわれた一九九五年から一九九七年にかけての時期。ロシア最大の富裕者であるミハイル・ホドルコフスキーが逮捕され、一〇年間拘禁されることになった二〇〇三年。このふたつの時期の間に、ヴラジーミル・プーチンがロシア連邦大統領になり、プーチンとともに、そしてプーチンと同じように一〇年前から富を築いてきたチェキストたちが新たなオリガルヒになった。

ロシア情勢の中で明確ではないこの用語は、ヨーロッパやアメリカの億万長者の立場とはきわめて異なる立場を想起させる。まず第一に、多くの人が急速に富裕化したのは、一九八〇年代末以降ロシア経済を一変させた変化の一環としてしか理解できないということだ。しかもほとんどの場合、仕事や個人的創意によってではなく、最高権力との特権的なつながりによって富裕化することができたということだ。最高権力が富を分けあたえたり、近親者に富の独占を認めたり、富を維持したりすることを許可したのである。所有権は個人のこともあれば集団のこともあるが、資産の真の受益者は、ダミー会社、隠れた経営者、かぞえきれないほどの沈黙によって隠されている可能性がある。結局、重要なのは所有することより支配することである。そうすれば自分のために利用できるということになる。公共企業の社長は公表されている給与をはるかに超える大金持ちである。そこで、政権の重要性が強化される。関係する資産の収益権を誰に認可するかを決定するのは政権だからだ。掟（ポニャーチヤ）はだれにとっても明白である。だからこそ、こうした行為にまつわる裁量と、それによって生み出される過激な暴力がともに容認されるのである。

目に見えない資金の流れと目に見えない内部の変化

決定的だがほとんど目に見えないプロセスは、一九八〇年あるいはそれ以前に始まっている。ロシア系アメリカ人ジャーナリストのポール・クレブニコフ、学者のカレン・ダウィシャ、ジャーナリストのキャサリン・ベルトンは、同じような現象について述べている。KGBはまず、西側諸国で多くの友好的な企業を設立かつ、または支援し、「数十億ドル」[3]をみずからの管理下で移動させた。ヴラジーミル・プーチンは、ドレスデンで働いていたときに、おそらくこの活動に従事していたのだろう。一九九〇年一一月には、ソヴィエト国立銀行パリ支店がすでにイギリス王室属領ジャージーにオフショア口座を開設していたとみられ、そこに数十億ドルの政府資金が振り込まれていた[4]。ソ連共産党の莫大な富の一部――それまでは外国共産党、同盟運動、テロ集団への資金提供に使われていた――は、こうしたルートを経由していたので、ソ連崩壊後の共産党の金庫からはほとんど何も発見されなかった。一方、西側諸国には高額な残高の口座があり、こうした活動を監督していたKGB将校だけがそれを知っていた。ダウィシャ教授は、オリガルヒの銀行をふくむロシアの銀行のほとんどが、おそらくこの資金によって設立されたものとみている[5]。

同じころ、ソ連では経済システムの転換をはかるため、法改正だけでなく、さまざまな変革が開始されていた。二〇〇四年に、社会学者オリガ・クリシュタノフスカヤは、一九九二年に始まったとされる公表された第三の波より前に、ふたつの「民営化」の波がひそかにおこなわれていたと指摘した。第一の波は一九八六年から一九八九年にかけて起こり、このとき政権は若く精力的なコムソモールの幹部たちに、経済への第一歩を踏み出す可能性をゆだねた。そして数百、数千の企業が設立されたが、所有権は国家にとどまったままであり、その利益は多くの場合コムソモールの幹部たちが手にして初期の資本金を集めたのである。[6] 一五年後にロシアで最も裕福な男となるミハイル・ホドルコフスキーは、その恩恵を受けたひとりである。彼は一九六三年、他の多くの人々と同じようにエンジニアの家庭に生まれ、共同アパートで育った。モスクワ共産主義青年同盟の若手責任者だった彼は、党の資金を使って一九八七年に金融協同組合を設立した。KGBがそのプロセスを監督していたが、当時ホドルコフスキーはそのことを認識していなかったとみられる。[7]

民営化の第二の波は一九八九年に始まり、一九九二年に終わった。クリシュタノフスカヤはこれを「国家による国家の民営化」と呼んでいる。監督人の同意をえて、公務員たちは、自分たちが管理あるいは運営している公共資産を私物化した。省庁は企業へと変化した。たとえば、ガス工業大臣ヴィクトル・チェルノムイルジンはガス工業省をガスプロムに変えてそのCEOに就任し、個人資産を二八〇〇万ドルから五〇億ドルに増やした。[8] そして、その五〇億ドルがどこから来たかはよくわかっているが、ソ連の大臣だった彼が所有していた二八〇〇万ドルの出所については疑問だらけだ。国営銀行の建物や家具までそのまま引き継いだ銀行もいくつかあらわれた。クリシュタノフスカヤによれば、それ以外の銀行も、国家によって設立され、資金提供を受けて設立されているが、国家はそれを公然と示してはいない。それはKGBによって回収されたソ連共産党の資金だったと思われる。こうして、将来のオリガルヒたちが財産を築くことを可能にしたいくつかの民間銀行が誕生した。つまりアルファ銀行（フリードマン）、オネクシム銀行（ポターニン）などだ。では一九八八年のソ連で、二五歳だったホドルコフスキーは、どのようにして公的機関の援助を受けずにメナテップ銀行を立ち上げることができたのだろうか。[9] その後ソ連中央銀行はメナテップ銀行に外貨取引を許可し、それが莫大な利益をもたらした。メナテップ銀行はソ連共産党の資金で設立され、党の資金を国外に移転するための主要経路のひとつになったという噂も流れたが、ホドルコフスキーはそれをつねに否定していた。

つまり一九九一年一二月にソ連が消滅したとき、ソ連の一部の人々はすでに初期資本をあたえられていたということであり、そのほとんどは権力機関とのつながりのおかげだった。というのも、闇取引をおこなう者たちでさえも、ＫＧＢによる「認可」を受けなければならなかったからだ。「支配」と「管理」にすぎなかったものが、あっという間に「所有権」になるのである。そして一九九三年にホドルコフスキーは、自分が経営する会社が自分の所有物とみなされる可能性があることに気づいた。[10] 他の人々も同様の状況にあり、エゴール・ガイダールによって一九九二年に着手された企業改革の恩恵を受けることになる。

一九九〇年代のオリガルヒ

当時、民営化は国民全体にかかわっているように思われた。一九九二年の夏に始まった第三波は、企業の株券購入にあてるための一万ルーブルの金券を、ロシア国民ひとりひとりに配布するという政策が基盤にあった。しかし国民はこの金券を利用せず、証券取引の意義を理解している人に転売することが多かった。そのため多くの企業は経営指導者である「赤い経営者」によって買い取られたが、彼らは「ひそかに会社の資金を横領し、それを使って支配権を掌握」[11]していたこともあった。こうして情報に明るく行動力のある人々が主要企業を獲得した。ボリス・ベレゾフスキーもそのひとりだった。一九四六年生まれの才能ある数学者で、科学アカデミーの準会員である彼は、すでに「ジグリ」ブランド――国外では「ラーダ」という名で知られている――の自動車を輸出する権利をえて、ロゴヴァズ社を設立した。彼はルーブルで自動車を購入し、それを海外にドルで販売した。かなりの利益があったが、ベレゾフスキーは「最初の一〇〇万ドルを除く、すべての財産について[12]」説明できると述べた。彼は一九九二年にアフトヴァズ社の過半数の株式を獲得、一九九四年には最初のテレビ局ORTの株式の四九パーセントを取得、一九九五年にはアエロフロート社の経営権を掌握した。[13]そしてボリス・エリツィンの娘タチアナ・ディアチェンコの「個人的投資家」になることで、大統領の側近の輪にすでにくわわっていた。[14]

最後に、一九九五年から一九九七年にかけての民営化の第四の波では、それまでの数年間で裕福になった一部の人々――それも厳選された人々――が億万長者、つまりオリガルヒになることができた。[15]この取引は、ロシア出身のアメリカ人銀行家ボリス・ジョーダンと、将来のオリガルヒ、ヴラジーミル・ポターニンによって考案された。一九六一年にソ連外国貿易省高官の息子として生まれたポターニンは、父親のもとでそのキャリアをスタートし、その後共産党内の上層部とのつながりを利用して輸出許可証を取得したことが富を築く端緒となった。異なる経歴をもつふたりは、ロシア政府が流動資産不足で公務員の給与を支払えないことを知っていた。しかし翌年に大統領選挙をおこなうことが発表されており、民営化されたものを再国有化しそうな共産主義者に対してエリツィンが落選するのではないかと思われていた。当時、アメリカ人金融資本家ビル・ブラウダーは、「二二人のオリガルヒ」がすでに経済の三九パーセントを所有し、「それ以外の国民はみな貧困の中で暮らしている」[16]と書いていた。

ジョーダンやポターニンによって考案され、エリツィンの再選を可能にした「株式担保融資」と呼ばれる取引は、驚くほど単純なものだった。国家の支援と資金提供を受けて設立されたロシアの主要銀行は二〇億ドルを政府に融資し、担保として国内産業の優良企業の株式を手にしたのである。その代わり、主要銀行の所有者たちは、主要メディアを保有していることが多かったので、それがエリツィンの選挙運動に利用された。一九九七年に選挙が終わると、主要銀行は自分たちの利益のために、自分たちで抵当に入っている企業の競売をおこなうことが可能となった。エリツィンのチームによってこの「株式担保融資」に参加することを認められた数少ない実業家が大統領の再選に資金提供し、その後、不正で閉ざされた競売の枠組みの中で、花形産業をきわめて安い価格で獲得した。ポターニンの銀行であるオネクシム銀行は、開始価格一億七〇〇〇万ドルのノリリスク・ニッケル株の三八パーセントを、一億七〇一〇万ドルで購入した。ホドルコフスキーが経営するメナテップ銀行は、ロシア第二位の石油会社ユコス株の四五パーセントに、開始価格より九ドル多い一億五九〇〇万ドルを支払ったが、それが二〇〇三年には一五〇億ドル相当となっている。ベレゾフスキーはパートナーであるロマン・アブラモヴィッチとともに石油会社シブネフチを一億ドルで獲得した。一九九七年七月に株式市場で一四〇億ドルの価値があった国家資産が一〇億ドル未満で売却され、大きな利益を得たのがベレゾフスキー、ホドルコフスキー、ポターニンが関わる組織だった。[17]この競売のあと、フォーブス誌の世界長者番付に初めて四人のロシア人の名が載った。二〇二二年にはこうしたオリガルヒが八三人になる。[18]

プーチンのオリガルヒたちの台頭

こうしたモスクワでのプロセスと並行して、一九九〇年代初めからサンクトペテルブルクで裕福になった男たちが、一五年後に新世代のオリガルヒとして台頭する。それはすべてヴラジーミル・プーチンのおかげだった。プーチンは、一九九一年から一九九六年まで、生地サンクトペテルブルクの市庁舎内で対外経済関係の委員長をつとめていた。そして合法的に、市内への定住を希望する外国人投資家と直接接触し、自分や自分に近い者たちのために彼らから金銭的利益を引き出し、犯罪グループ「タンボフ・グループ」の一部との最初の秘密関係をきずいた。

少なくともそうした関係のひとつが文書化されている。一九九一年にボリス・エリツィンは、サンクトペテルブルクに総額一億二二〇〇万ドルの原材料を提供し、その輸出を許可して、同市で圧倒的に不足している食料品と交換するよう首相エゴール・ガイダールに要請した。合意が得られるとすぐにプーチンの委員会は、地元の商業組織と販売価格を過小評価した契約を結んだ。結局、原材料との交換で、貨物船二隻分の食用油がえられた。一方、関与した商業組織には莫大な利益がもたらされたが、おそらくこの有益な契約に関わった者たちと山分けしたのだろう。調査委員会はプーチンの責任を結論づけ、市長に彼の解任を勧告した。しかしアナトリー・サプチャークは副市長プーチンをかばった。

キャサリン・ベルトンは、この取引が他の取引と同じように、体系化された密接な関係で結ばれた人々で構成された、犯罪的側面もあるグループ全体の共有資金、オブシチャクに資金を提供したと見ている。これは一種のマフィアである。オブシチャクの資金は戦略的な作戦にも個人的な用途にも使われる可能性があり、このふたつの用途の境界はかなりあいまいである[19]。ここで重要な役割を果たしたのは、一九九〇年にソ連共産党が設立したロシア銀行である。ロシア銀行はいつの間にか、KGBの三人の代表者、ヴラジーミル・ヤクーニン、ユーリ・コヴァルチュク、アンドレイ・フルセンコの管理下に移っていた。一方、ヴラジーミル・プーチンは、親しい友人たちとダーチャ（別荘）の協同組合「オーゼロ」を設立した。彼らはプーチンと同じくKGB出身で、ヤクーニン、コヴァルチュク、フルセンコをふくめほとんどがロシア銀行の株主だった。オーゼロ・グループのメンバーは富を蓄えていき、プーチンが大統領に就任したときも近くにいて、さらに繁栄を極めた。

プーチンは一九九六年からモスクワでキャリアを積み、大統領府、FSB、そして最終的に政府内で勤務した。ボリス・エリツィン、娘のタチアナ・ディアチェンコ、将来の義理の息子でジャーナリストのヴァレンティン・ユマシェフ、オリガルヒのボリス・ベレゾフスキー、ロマン・アブラモヴィッチ、ユマシェフの娘と結婚したオレグ・デリパスカなどからなる、「ファミリー」の輪にプーチンを引き入れたのは、ベレゾフスキーやオリガルヒのセルゲイ・プガチェフだったとされる。汚職スキャンダルがエリツィンに近い人々にも影響を及ぼしているときに、彼らは大統領の後継者を探していた。それにはふたつの条件があった。つまり、政権が変わっても「ファミリー」が司法もふくめた責任を問われないこと、そして新チームが民営化を取り消さないこと、[20]というものである。

他の候補者たちの中から選ばれたヴラジーミル・プーチンは、一九九九年八月九日に首相に就任し、その後、大統領になった。多くの人が知るように、彼とともに「肩章をつけた大臣たち」、シロヴィキたち、そしてとくに彼のサンクトペテルブルク時代の友人たちが権力を掌握した。[21]二〇〇〇年にプーチンが、「国家の混乱から利益を引き出し」、「公的機関を操作して資本を蓄積した[22]」オリガルヒに責任を負わせたいと発表したことも周知の事実だった。プーチンはすぐに、オリガルヒのヴラジーミル・グシンスキーとボリス・ベレゾフスキーの二人に対して、国外への脱出を余儀なくさせた。グシンスキーは、メディアに加えてモスト銀行も創設していた。ロシア有数の銀行となったモスト銀行もまたKGBの支援と共産党の資金の恩恵を受けていた。しかも、KGBナンバー2のフィリップ・ボブコフがそこで働き、月給一万ドルを受け取っていたとされる。[23]

こうしてプーチンは、メディア経営者やオリガルヒにきわめて明確なメッセージを送っていた。自分はだれでも国外追放にできるし、破滅させることも刑務所に入れることもできるというメッセージだ。さらに、グシンスキーに対する攻撃がおこなわれている間に、和平の代償を払ったとされるヴラジーミル・ポターニン、ミハイル・フリードマンをふくめた他のオリガルヒたちも脅迫を受けていたようだ。ゲームのルールが変更されたのであり、二〇〇〇年七月にプーチンは二一人の大富豪を引見してそのことを説明した。民営化を取り消すことはしないが、もはや政治に介入すべきではない。つまり対抗勢力であることを放棄するということだ。オリガルヒたちは一市民にもどった。そして彼らのひとり、ミハイル・ホドルコフスキーが力を取りもどしたとき、プーチンは新たな例を示した。

ホドルコフスキーの転機

ホドルコフスキーはロシアで最も裕福な男であり、国家予算が六七〇億ドルであるのに対して、七〇億〜八〇億ドルの「財産をもっていた」。二〇〇三年に逮捕され、金銭的横領、資本逃避、脱税の罪で起訴された。さまざまな説が広まった。彼はエネルギー関連のアメリカ企業と戦略的提携を結ぼうとしていた。彼は社会を民主化し、新世代の政治家を生み出すことを目的とする「オープン・ロシア」基金を立ち上げた。彼はクレムリンの要求を超えていくつかの政党に資金提供した。おそらく彼は大統領選挙に出馬するつもりだ。彼はプーチンの側近たちの腐敗をあからさまに非難し、プーチンにあまり敬意を払わなかった、などといったものだ。そして、彼はみせしめに過ぎなかったのかもしれない。というのも、ホドルコフスキーは、情報機関がエネルギー部門に対する攻撃を準備しており、アルファ・グループにその責任を負わせようとしていると訴えたが、プーチンはアルファ・グループの最高幹部ピョートル・アーヴェンを高く評価しており、このような選択は認めなかったとみられるからだ。[24]

ホドルコフスキーの裁判は一一か月続き、その間彼は監獄に入れられていた。その後九年の拘禁刑

郵便はがき

料金受取人払郵便

新宿局承認

779

差出有効期限
2024年9月
30日まで

切手をはら
ずにお出し
下さい

160-8791

343

(受取人)
東京都新宿区
新宿一―二五―一三

原書房

読者係 行

1608791343 7

図書注文書（当社刊行物のご注文にご利用下さい）

書名	本体価格	申込数
		部
		部
		部

お名前　　注文日　　年　　月　　日

ご連絡先電話番号（必ずご記入ください）
□自　宅　（　　）
□勤務先　（　　）

ご指定書店（地区　　）（お買つけの書店名をご記入下さい）

書店名　　書店（　　店）

帳合

7372

ヴラジーミル・プーチン 下
——KGBが生んだ怪物の黒い履歴書

愛読者カード　ガリア・アッケルマン／ステファヌ・クルトワ 編

＊より良い出版の参考のために、以下のアンケートにご協力をお願いします。＊但し、今後あなたの個人情報(住所・氏名・電話・メールなど)を使って、原書房のご案内などを送って欲しくないという方は、右の□に×印を付けてください。□

お名前《フリガナ》　男・女（　歳）

ご住所　〒　-

市　町
郡　村
TEL　（　）
e-mail　@

ご職業　1会社員　2自営業　3公務員　4教育関係
5学生　6主婦　7その他(　)

お買い求めのポイント
1テーマに興味があった　2内容がおもしろそうだった
3タイトル　4表紙デザイン　5著者　6帯の文句
7広告を見て(新聞名・雑誌名　)
8書評を読んで(新聞名・雑誌名　)
9その他(　)

お好きな本のジャンル
1ミステリー・エンターテインメント
2その他の小説・エッセイ　3ノンフィクション
4人文・歴史　その他(5天声人語　6軍事　7　)

ご購読新聞雑誌

本書への感想、また読んでみたい作家、テーマなどございましたらお聞かせください。

を宣告されたが、控訴により八年に減刑された。そのメッセージは古典的なものだ。つまり、クレムリンに歯向かう者はシベリア送りになるということだ。不合理な容疑にもとづく第二の訴訟では、拘禁一四年の判決が下された。その間、二〇〇四年七月二〇日に執行吏が、七〇億ドルから一六〇億ドルに相当するユコス株を接収した。当時ユコス社に課せられていた税金は三四億ドルだったとされる。ニェザヴィーシマヤ・ガゼータによれば、これは「真の目的」が「ロシアで最も豊かな石油会社を潰す[25]」ことにあったことを示している。そして二〇〇四年一二月、巧妙な手口でユコスの油田を買い取ったのは誰だっただろうか？　国営石油会社ロスネフチは、プーチンに最も近い人物のひとり、イーゴリ・セーチンが二〇〇四年七月から会長をつとめていたが、その娘はロシア検事総長の息子ディミトリ・ウスチノフと結婚していた。イーゴリ・セーチンがユコス事件を引き起こし、その後ヴラジーミル・ウスチノフが組織した訴訟のあとで投資した資金を残らず回収したのかもしれない。胸を打つファミリーの物語だ。

クレムリンは、石油と天然ガスを地政学的権力の基盤とすることに決めていたのだが、こうして繁栄していて経営状態も良い石油会社を掌握した。二〇〇〇年には国内の石油生産の八〇パーセントが民間企業に握られていたが、それ以後は五五パーセントが国営となった[26]。ロシアの日刊紙コメルサントが書いたように、クレムリンはその力を示し、オリガルヒはホドルコフスキー逮捕によって「より協調的[27]」になった。ニューズウィーク紙ロシア版は、「新しいルール」について次のように説明していた。「ロシアで大きな資産をもっている唯一のプレーヤーは政権であり、より具体的にはプーチンだ」。一方、オリガルヒはもはや「ロシア産業の条件つきの支配者[28]」にすぎなかった。ひとつの時代が終わったのだ。それ以後は、国家が政治的、経済的権力を集中し、その運営をプーチンの側近たちにゆだね、彼らはそこから莫大な金銭的利益を引き出した。オリガ・クリシュタノフスカヤは、二〇〇四年に「新たなオリガルヒ」が台頭したと考えている。そのなかには経済的活動に専念した者もいるが、政府や大統領府での職務と大企業の会長職を兼任した者もいた。この変化は重要だった。ヴァレンティン・ユマシェフは次のように主張した。クレムリンで仕事をしていた人々はたいへんな金持ちになる可能性があったが、一九九〇年代には、「ビジネスをするか、それとも国家のために働くか」[29]だった。ユマシェフと彼の妻（エリツィンの娘）は、二〇二二年にロシアを離れてカリブ海フランス領のサン・バルテルミー島に向かった。夫妻はその島に一五〇〇万ドルの別荘を所有している[30]。

こうした新たな億万長者のなかには、多くのKGB＝FSB将校も含まれている。シロヴィキは、支配勢力として一九九〇年代のオリガルヒにとって代わった。ボリス・エリツィンの首相だったボリス・ネムツォフは、二〇〇六年に、一九九〇年代のオリガルヒがたんなる実業家にもどったと述べ、こうつけ加えた。「現在はチェキストの寡頭支配がおこなわれている[31]」。ガスプロムを通じて天然ガスを、ロスネフチを通じて石油を管理することで、クレムリンはロシア経済を立て直し、国民の生活水準を持続的に向上させる手段を手に入れた。しかし、そういうことにはならなかった。コート・ダジュールの別荘や黄金で覆われたバスルーム、そして大国の地位を取りもどすという夢は、最も強力だった。

プーチンのオリガルヒ

一九九〇年代のオリガルヒと大きく異なる「新たなオリガルヒ」とはだれか？　完全なリストというにはほど遠いが、いくつかの事例から概要をつかむことはできる。イーゴリ・セーチンは、少なくとも二〇〇三年からロシアで最も影響力のある人物とみなされており、シロヴィキたちの中心的人物である。KGBの一員であったことを公式に認めてはいないが、彼はかつてモザンビークで「通訳」として働いていた。これはソ連の状況において、少なくともKGBとの関係がきわめて良かったということを意味している。サンクトペテルブルク市庁舎でヴラジーミル・プーチンの腹心の部下となり、あれこれの契約にプーチンの署名をもらうには、彼に賄賂を現金で渡さなければならなかったといわれている。上司の昇進によって、彼は二〇〇〇年に大統領府副長官に任命され、その後ロスネフチ会長になった。理論上、彼は国営企業ロスネフチを所有してはおらず、一方で民営のユコス株の大半はホドルコフスキーに属していたが、ロシアでは「管理は所有に相当する」ので、セーチンの資産は二〇一三年に二五〇〇万ドルと推定されていた。[32]

ゲンナジー・ティムチェンコに比べればとるにたりない金額である。ティムチェンコの資産は二〇二一年に二二〇億ドル、二〇二二年四月時点で一七六億ドルだった。[33]ティムチェンコもKGBとのつながりを常に否定していたが、いくつかの情報源によると、彼はプーチンとともに情報機関の学校で学び、その後スイスに派遣され、KGBのネットワークに資金を提供する銀行口座を監督していたとされる。一九九〇年からはウラルズ・トレーディング社のフィンランド支社長となった。フランスの情報機関によれば、同社は資金をソ連国外へ移すためにKGBによって設立されたとされるが、ティムチェンコはこれを否定している。彼はプーチンやレニングラード州の委員会とも協力し、石油ターミナル経由での輸出を独占しており、ロシア銀行の株主でもあった。ホドルコフスキーの逮捕後、彼はガンバー社を通じた石油販売に専念した。ガンバー社は、書類上はティムチェンコとスウェーデン人パートナーの所有となっていたが、全面的あるいは部分的にプーチンが所有している、あるいは所有していたように思われる――これもティムチェンコは否定している。いずれにせよ、ティムチェンコはガンバー社によって巨万の富をえたとされ、キャサリン・ベルトンはこの成功を大統領の一党によるオブシチャク（共有資金）の形成と関連づけている。[34] それでもゲンナジー・ティムチェンコは二〇一一年に、フランス・ロシア商工会議所（CCIFR）会頭に選出され、その二年後にレジオン・ドヌール勲章を受章している。

一九四八年六月生まれのヴラジーミル・ヤクーニンも元KGBである。二八年間情報機関で働き、[35] 一九八五年から一九九一年まで国連のソ連代表部に勤務していたことを認めている――実際には、ニューヨークのKGB高官（ナンバーワン）だったとされている。彼は今では「正統派チェキスト」一党の最も派手な代表者のひとりであり、ロシア銀行の株主であり、オーゼロ・グループのメンバーでもある。一九九〇年代にすでにヴラジーミル・プーチンにきわめて近い存在であった彼は、プーチンについてモスクワに赴き、大統領府で働いた。交通省次官、ロシア鉄道副社長を歴任し、二〇〇五年六月にロシア鉄道社長に就任した。その収入はロシアのGDPの約二パーセントに相当する。彼は一〇年間この役職にとどまり、この国で最も裕福な男のひとりとなった。アレクセイ・ナヴァリヌイは、ヤクーニンとその家族が「汚職と横領のおかげで」、「世界中のオフショア会社に登録された、巨大な経済帝国」を築いたのだと断言した。「正統派チェキスト」は、自宅に「黄金の礼拝室」や、伝説となった巨大な「毛皮倉庫」を保有していたとされる。彼のふたりの息子のうちのひとりは、ロンドンで四五〇〇万ポンドの家を購入し、イギリス国籍を取得したとされる。[36] これはプーチン政権時代の典型的な成功の図式である。KGB将校が政権との良好な関係のおかげで富豪になり、愛国心を訴えるが、その一方で少なくとも子息のひとりは西側諸国の国籍を取得した。二〇一〇年にニコラ・サルコジは、ヴラジーミル・ヤクーニンにレジオン・ドヌール勲章を授けた。

セルゲイ・チェメゾフは、実業家になったもうひとりの「元」KGB将校である。彼は東ドイツでヴラジーミル・プーチンとともに働き、その後彼を守ったとされる。[37] 一九九六年から一九九九年まで大統領府に配属されたあと、国営兵器輸出会社ロソボロネクスポルトの社長に任命された。その後、七〇〇以上の組織を束ね、民生用や軍事用のハイテク製品を製造・輸出する国営企業、ロステックの取締役社長に抜擢された。チェメゾフはロシアの武器販売の中心人物であり、その資産は二〇一三年に五億ドルと推定されていた。[38] オリガルヒとしてはわずかだが、国家機関の指導者としては大きな額だ。ニコラ・サルコジは彼にも二〇一〇年にレジオン・ドヌール勲章を授与している。どれも興味をそそる推理小説のテーマとなりそうなこれらの経歴を通じて浮かび上がってくるのは、これらの人物たちが数年間で蓄積した途方もない富と、それに目がくらんだ一部の西側指導者たちとの間にきずいた関係である。

その他の例として、たとえばユーリ・コヴァルチュクがあげられるかもしれない。元物理学者で明らかにKGBとのつながりがあるコヴァルチュクは、ロシア銀行の筆頭株主となり、二〇二一年に三三億ドル、二〇二二年四月に一三億ドルの資産をもつメディア王となっている。また、二〇二一年に一五八億ドルの資産を有していたスレイマン・ケリモフは、二〇一七年に脱税とマネーロンダリングに荷担したとしてフランスで審理の対象となったが、彼のものとされた資金は他人のものであると主張した。そして、アルカディとボリスのローテンベルク兄弟を忘れるわけにはいかないだろう。彼らは子どものころ、プーチンとともに柔道を練習していたのだが、二〇〇八年に、ガスプロムは建築専門の子会社のうち五社を、アルカディ・ローテンベルクにきわめて有利な価格（三億四八〇〇万ドル）で売却している。アルカディはガスプロムの主要下請け業者となり、パイプラインの建設を次々に引き受け、高速道路建設の専門グループも獲得し、「実質的な競争はなく、市場価格のおよそ三倍[39]」の金額で公共事業の契約を重ね、二〇一五年にはその額が八三億ドルにのぼった。二〇二一年には、アルカディ・ローテンベルクの資産は二九億ドル、弟の資産は一二億ドルになっていた。

一九九〇年代からの生き残り

とはいえ、一九九〇年代の一部のオリガルヒは、かならずしもロシア国内ではないにしても、その地位を維持しつづけた。ルール変更を受け入れ、彼らも貢献をしたからである。ロマン・アブラモヴィッチは、一九九五年にはすでに「二九歳の石油商」として、ボリス・エリツィンの義理の息子であるレオニード・ディアチェンコと協力関係にあり、その後ベレゾフスキーと手を組んで「株式担保融資」[40]の恩恵を受けた。その後、身を固くして嵐をやりすごしたが、ホドルコフスキーの逮捕直後、チェルシー・サッカークラブを買収していたイギリスに居を移し、ロシア株をほとんどすべて売却した。たしかに彼はシブネフチ社のベレゾフスキーの持ち株を一三億ドルで買い取り、プーチンがそれをすべてガスプロムに売却するよう求めたときは素直に応じた。取引は一三〇億ドルでおこなわれたので、かなりのもうけだったが、ノーヴァヤ・ガゼータ紙によれば、この一三〇億ドルは、シブネフチの価格にくわえて、政権に対するこれまでの貢献に対してアブラモヴィッチに支払われた報酬ということになる。[41]報酬の支払いはその後も続いていた。二〇二二年四月には八五億ドルで、二〇二一年三月に比べると四一パーセント減少した。ベレゾフスキーは二〇一三年三月二三日にバスルームで死亡しているのが発見された。自殺とみられている。

「株式担保融資」考案者のヴラジーミル・ポターニンも、とくに問題をかかえることはなかった。彼の資産は二〇二一年に二七〇億ドルと推定されていた。そしてこれまでのところはヨーロッパやアメリカの経済制裁を免れている。彼はロシアのウクライナ侵攻後に有利な取引をした稀有なオリガルヒのひとりである。二〇〇六年にロスバンクを四〇億ユーロでソシエテ・ジェネラルに売却し、ソシエテ・ジェネラルは経営を立て直して収益を上げた。そしてポターニンがロシアを離れる前にほぼ無償で彼に売却したのである。

オレグ・デリパスカはロシアのアルミニウム王でありつづけている。フォーブス誌によれば二〇二一年時点の彼の資産が、「わずか」三八億ドルで、二〇二二年には二一パーセント減少したとしてもである。彼は発言すべき言葉をわきまえていたので、二〇〇七年七月のフィナンシャル・タイムズ紙で、必要があれば自分が所有するすべてのものを国家に提供する用意があると述べていた。「私は自分が国家とは異なるものとは思っていませんし、他のことには興味がありません…。私はただ運が良かっただけです。富は天から私のもとに降ってきたのだと考えてください[42]」。それもまた真実だ。

ピョートル・アーヴェンも無傷のままだった。彼は一九九〇年代に対外経済関係大臣を務め、プーチンのサンクトペテルブルクの友人たちに多くをもたらした「食料のための石油」協定に、ガイダールの名で署名したとされる。一九九〇年にミハイル・フリードマンが設立したアルファ銀行で、二〇二一年から二〇二二年まで頭取を務め、現在は産業と金融の巨大コングロマリットの中心にいる。ふたりの億万長者――二〇二一年の資産はアーヴェンが五三億ドル、フリードマンが一五五億ドル――はロンドンに住み、経済制裁を非難している。ロシアによるアメリカの選挙への介入の可能性についての捜査の中で、アルファ銀行という名が取り沙汰されていた[43]。

事実、オリガルヒたちは、海外にその力を示したり、影響力を広げたりしようとしているロシア政府の一部のプロジェクトにその資産を投入することも多かった。芸術作品、サッカークラブ、企業を大金をはたいて購入し、ロシア軍に供給する武器製造業者に原材料を納品した。彼は否定しているが、アブラモヴィッチはそうしたことをおこなっている、あるいはおこなってきたのである[44]。その一方で、ロシア社会は、その巨額の富の恩恵をほとんど受けることはなく、その富が国内経済を活性化させることもなかった。オリガルヒは国民から嫌われており、共有の富を「盗んだ」と考えられている。全体的に西側諸国よりはるかに低い生活水準にあり、エリートからほど遠く、たがいに憎みあうグループに分かれた国民から、権力は切り離された状態にある。

エリツィン政権下では、オリガルヒは競争力のある市場経済の構築に貢献する存在とみなされていた。プーチン政権下では、国家は何よりも経済を支配しようとした。プーチンとその側近たちが個人的にも集団的にも利益を受け取るためである。実業家のビル・ブラウダーによれば、プーチンはホドルコフスキーの有罪判決後、各オリガルヒに対して利益の一部を政府にではなく彼個人に支払うように求めた。そして彼は「世界で最も裕福な男」[45]になったという。ブラウダーの発言は、二〇二二年に調査報道組織、「組織犯罪と汚職報告プロジェクト（OCCRP）」が、独立系ロシア語メディア「メドゥーザ」と共同で発表した調査結果によって、少なくとも部分的に裏付けられた。プーチンはまさに「世界で最も裕福な人物のひとり」であるらしい。とはいえ、黒海沿岸に一〇億ドルかけて建てられた宮殿の所有者であると主張する幼馴染みのアルカディ・ローテンベルクを始め、何人かのオリガルヒが彼に名義貸与をしている。実際、アレクセイ・ナヴァリヌイが最新の映画で撮影したこの宮殿は、数年前に創設されたオブシチャク（共有資金）によって資金提供されたと思われる[46]。現在のロシアの億万長者たちは、一九九〇年代末のオリガルヒがそうだったように、すべてに逆らって対抗勢力の役割を果たすことはできないし、また望んでもいないのである。

しかし、二〇二二年に、少なくとも理論上はこうしたオリガルヒの繁栄にブレーキがかかった。彼らの家族をふくめた四〇人ほどが経済制裁の対象になった。西側にある彼らの口座や不動産は凍結され、ヨーロッパへの年間ビザも取り消された。もっともオリガルヒたちは複数の国籍とパスポートをもっていることが多い。そこで彼らは経済制裁に対して欧州人権裁判所に少なくとも一八件の訴訟を提起しているのは象徴的だ。プーチンはヨーロッパの諸機関を「疲弊させる」よう指示したとも噂されている。[47] とはいえ原告たちは法治国家の基本原則の恩恵を受けることを望んでいるが、彼らはロシアを誰もが法によって保護される国家にするために何もしてこなかったし、何もしていないのである。そして高い報酬を得た西側の弁護士、法学者、税務専門家で武装して、自分たちの資産だけでなく、自分たちの権利であると考えているもの、つまり欧州連合地域内に住み、そこで子どもたちに教育を受けさせ、自分たちの経歴や富の築き方やクレムリンとのつながりを明らかにしたがる人々を攻撃する権利も、彼らは守ろうとしている。その一方で、これまでのところ、ウクライナに対する戦争を止めるための具体的な試みは何もしていない。

第20章　政治的武器としての正教

ガリア・アッケルマン、ステファァヌ・クルトワ

ロシア国家が正教会を政治的武器として利用するのは、ヴラジーミル・プーチンが初めてではない。そうした利用はまさにこの教会の起源にある。しかし二〇世紀の共産主義政権下で教会の政治的利用があまりに顕著だったため、一九九〇年代以降は逆に、一種の宗教的ストックホルム症候群【誘拐や監禁事件などの被害者が犯人との間に心理的なつながりを築くこと】、つまりモスクワ総大司教からの過度の服従が生じた。ヴラジーミル・プーチンの個人的責任は、ロシア教会の隷属主義を利用して、国家機関を過去の犯罪から解放し、ロシア連邦の国境の内側でも外側でも新帝国主義的政策を展開したことだった。

ロシア国家による正教会の操作は古くからおこなわれてきた。一四四八年にモスクワ府主教座が置かれたとき、大公ヴァシーリー二世はタタール人とイスラム教徒の占領者との戦いを強化するため

に、ビザンティンやローマの支配からモスクワ教会を解放したいと考えた。一五八八年にようやくコンスタンティノープル総主教庁がロシア正教会の独立を公式に承認し、モスクワ府主教庁はモスクワ総主教庁となった。しかしピョートル一世治下の一七二一年、モスクワ総主教庁は帝国の一機関となった。キエフ出身のテオファン（フェオファン）・プロコポーヴィッチは『教会規約』を著わし、プロテスタントの宗務局から想をえて、国家の管轄下にあるロシア教会を合議制で管理する聖務会院を創設した。一九一七年から一九二五年までの短い期間、ロシア教会は総主教座を復活させ、国家に対する独立を確立したが、ティーホン（ヴァシーリー・ベラヴィン）総主教が死去するとすぐに廃止された。一九二七年六月二九日にセルギイ・ストラゴロドスキー府主教によって表明された共産主義政権への忠誠宣言[1]以降、クレムリンの支配に反対しているのはロシア移民たちの諸教会だけになった。国外にある教区の一部を管轄下に置く在外ロシア正教会の本部は、当初セルビアの町スレムスキ・カルチヴツィに置かれ、その後ニューヨークに移転したが、君主制主義の傾向をもっていた。西ヨーロッパにあるロシア正教会の教区の大部分は、エウロギウス府主教（ヴァシーリー・ゲオルギエフスキー）によって統治され、一九三一年にコンスタンティノープル総主教庁の管轄下に置かれた。

一九四三年にスターリンによってモスクワ総主教庁の復興が決定され、ロシア正教会はふたたび宗教機関として機能する権利をあたえられた。スターリンの目的は、まだ残っている教区のネットワークを利用してナチの侵略者と戦うこと、そしてなによりも共産主義イデオロギーという新たな変化を強制して、ロシア正教会を完全に社会主義的かつ国家主義的なものにすることだった。このことは、一九二一年から一九四一年にかけて正教会聖職者のほとんどを殺害したソヴィエト政権の戦闘的無神論を問い直すものではなかった。ロシア正教会は、指導者の任命権が政権の情報機関によって管理されていたため、もはや独立性は維持していなかった。ウクライナで最近発表された文書で明らかになったのは、[2]一九四五年一月に開催された第一回ロシア正教会会議が、一九三七年〜一九三八年の大粛清の最も残酷な虐殺者であるNKVD大佐ゲオルギー・カルポフによって、新モスクワ総主教がアレクシイ府主教（セルゲイ・シマンスキイ）になるよう慎重に準備されていたということだ。「ロシア正教会」という名称そのものも、革命前にまだもちいられていた「ロシア・ギリシア正教会」という名称に対抗して、NKVDによって選ばれたものだった。このように正教会がソ連政権に全面的に依存し、聖職者の大多数がソ連情報機関に協力せざるを得なくなった状況については、一九九一年に西側に亡命したソ連諜報員ヴァシーリー・ミトロヒンによって説明されている。『ミトロヒン文書』は、正教会の主要な司教たちがどのようにKGBの命令を受けて、プラハで開かれた国際平和会議や、ジュネーヴを本拠地とする世界教会協議会を始めとする国際機関に潜入していたかを、裏づけ資料を援用して示している。[3]このような潜入活動は、とくにウクライナ東方典礼カトリック教会をつぶすためにおこなわれていた。一九四五年二月から一九四六年三月にかけて、モスクワ総主教庁は、ウクライナに四〇〇万人以上の信者をもつこの教会を廃止して、モスクワの教区に取りこむために利用された。一九六九年四月四日、KGB議長ユーリ・アンドロポフは、「一九六九年から一九七〇年にかけてソ連領土におけるヴァチカンと東方帰一教会の破壊活動との戦いを強化する措置」[4]を新たに承認した。

これらの文書は、エストニアで発表された、グレブ・ヤクーニン神父（一九三四‐二〇一四）――

一九九〇年代初頭に政治局のアーカイブにアクセスした有名なロシア反体制派神学者――の別の資料によってもその一部が確認されている。こうした文書のおかげで、キリル一世（ヴラジーミル・グンジャエフ、コードネーム「ミハイロフ」）やそれ以前の総主教、アレクシイ一世、ピーメン一世、アレクシイ二世（アレクセイ・リディゲル、コードネーム「ドロズドフ」）をはじめとする現在のロシア教会の多くの高位聖職者が、KGBやソヴィエト情報機関に積極的に協力したことがわかっている。

しかし一九九〇年代、ロシア正教会はアレクサンドル・メン神父のような真摯な反体制派の人物のおかげで威信を保っていたが、共産主義政権との協力関係は認めなかった。[5] 一九九一年に一度だけ、アレクシイ二世が情報機関への個人的な協力を告白した。その少しあとには、リトアニアのクリソストモス大主教もKGB工作員として働いていたと述べた。そして、それがほとんどすべてだった。正教会はみずからを犠牲者として示すことに決め、皇帝ニコライ二世を始めとするソヴィエト政権の数百人の殉教者を列聖することで、自分たちの過去を賛美する時代に入った。過去を悔い改めることのなかったロシア正教会は、しだいに過去の協力関係を正当化するようになり、君主制主義を維持していた一部の在外ロシア正教会と協調して帝国を正当化する神学を発展させ、支配者に服従するみずからの立場を強固なものにした。

正教会の信徒である何人かのヴラジーミル・プーチンの側近たちが、ロシア正教会の自己正当化と従属化の役割をになった。第一にあげられるのは、二〇〇九年からロシア正教会の総主教をつとめているキリル一世だが、ロシアのユーラシア主義と帝国主義に影響力をおよぼしているイデオローグのアレクサンドル・ドゥーギン、ウクライナでの戦争に資金提供している信心深いオリガルヒのコンスタンティン・マロフェーエフなどもそうした役割を果たしている。彼らを通じて、またティーホン・シェヴクノヴやヴラジーミル・メジンスキーのようなその他の人物の仲介によって、プーチンはスターリン時代のようにたやすく、正教会を手段化することに成功した。

二〇〇九年一月二七日にキリルが総主教に選出されたとき、彼の主要な批判者であるグレブ・ヤクーニン神父はすでに完全に非合法の立場に置かれていた。三年後の二〇一二年二月一日、キリル一世はプーチンに語りかけ、一二年間のプーチン政権がロシアにとってまさに「神の奇跡」だったと述べた。二〇一一年と二〇一二年には、プーチン再選に抗議するモスクワのデモ参加者に反対の立場をとり、人権団体や野党の抗議運動は「反国家的」であると述べ、信者たちに自宅にとどまるよう求めた。二〇一二年二月二一日、パンクグループのプッシー・ライオットが抗議活動をおこない、歌手のナジェーダ・トロコンニコワ、エカチェリーナ・サムツェヴィッチ、マリア・アリョーヒナが救世主ハリストス大聖堂の聖画壁の前でパンクの聖歌「テ・デウム」を歌った。「聖母マリア様、プーチンを追い出してください、そしてあんた、ろくでなしの総主教、あんたは、神様を信じた方が良いのにプーチンを信じている」。彼女たちのうちふたりは、禁錮二年の刑を言いわたされたが、総主教は「妥当な罰」だと述べた。このとき以来ロシアでは、総主教にあえて正面から反対する者は誰もいなくなった。最も原理主義的な傾向の人々が教会を支配し、教会を通じて、すでに何十年にもわたって病んでいた「ロシアの魂」を無気力にさせてしまったのだ[6]。

それ以来キリル一世は、二〇一五年のモスクワでの展示会の開会式ではスターリンやレーニンのような人物をもはやためらうことなく再評価し、異教的な意味合いの強い新たな宗教を奨励し――たとえば二〇二〇年のロシア軍主聖堂の落成式では力への崇拝を奨励している[7]――、コンスタンティノープルのヴァルソロメオス総主教の正教世界全体への権威に公然と異議を唱え、二〇一六年にはクレタ島での正教会聖大会議への出席を拒否した。彼は、自分に忠誠を誓う正教会全体をとりしきるために、モスクワ近郊のセルギエフ・ポサードにヴァチカン市国のような都市を建設することさえ考えた[8]。彼は「ロシア世界」の主要なイデオローグでもある。その理論によれば、ウクライナ、ベラルーシ、さらにモルドヴァは、同じ文明空間に属しているかぎり政治的独立性をもつことはないとされる。同じ文明空間というのは、正教を信仰していること、ロシア語が普及していること、数世紀にわたる共通の文化があることと彼は定義している。このような理論は多くの正教神学者によって異端として非難された。ウクライナに亡命したロシア人ジャーナリスト、アレクサンドル・ソルダトフによれば、そうした非難も、総主教が過去に知られていなかったこの新しい戦争の神学を奨励する妨げにはならなかった。たとえば、サンクトペテルブルクの神学学校の教師であるヴラジーミル・ヴァシリク長輔祭は、ウクライナ東部でのできごとを終末論的観点の中で位置づけ、非常識であるだけでなく思い上がった呼びかけを発表した。「ハルキウを手に入れたあと、われわれはキーウに行く。キーウからリヴィウへ、リヴィウからワルシャワへ、ワルシャワからベルリンへ。だがベルリンに対する攻撃は最終的にはキリスト再臨の際に実現するだろう。そこではキリストご自身が勝利者となる。われわれの仕事は神がわれわれにあたえた高みを維持することだ。最後まで辛抱強く続けよ[9]」

二〇一四年、クリミアがロシアに併合される少し前に、ストレルコフという別名で知られているイーゴリ・ギルキン大佐とともに、キリル一世がクリミアで果たしたあやしげな役割を意識して、ウクライナ政府はキリル一世がウクライナに入国する権利を拒否した。このことが彼の怒りをあおることになり、八月のイロヴァイスクの戦いの際――ロシア連邦はドネツィクとルハーンシクの分離派を敗北から救うことを決定した――、キリル一世総主教は世界中の正教会の首座司教にメッセージを送り、その中で彼はドンバスの戦争を「内戦」、「信仰間の戦争」と呼んだのである。彼は、ウクライナの側について戦っているのは「東方帰一教会信徒」や「離教者」であり、ロシア世界の「義勇軍」の側について戦っているのは「教会法にかなった教会」の忠実な信者たちだと主張した。その後彼は、社会やメディアとの関係を担当する補佐役のアレクサンドル・シチプコフに、ドンバスのロシア語話者に対する「ジェノサイド」についてウクライナ人を告発する扇動的著書を二〇二一年に発表させた。[10] 総主教は、ウクライナ政府の信用を失墜させて憎悪をあおる使命を帯びている全ロシア国営テレビ・ラジオ放送会社（ＶＧＴＲＫ）の副局長で、プーチン政権のプレゼンターであり宣伝者であるドミトリー・キセレフに公然と褒章を授与した。

戦争がウクライナ全土に拡大してから三週間後の二〇二二年三月一三日、キリル一世はロシア連邦がキエフ大公国の唯一かつ正当な後継者であるという神話的歴史観をくりかえした。しかしこの説は歴史家によって何度も異論を唱えられてきたものだった。[11]「主がわれらの教会を守り、われらの民族を強くし、われらロシア正教徒すべてを助けてくださるように。くりかえすが、わたしが〝ロシア人〟というとき、わたしは〝過去の年代記〟の〝ロシアの土地はどこからもたらされたか〟という言葉を言わんとしている。わたしは、ウクライナ、ベラルーシ、わが国ロシアで暮らすすべての人々のために祈る。われらがみな精神的に結ばれ、信仰の一体性を維持できるように祈る。（中略）もしわれらが生き残れば、ロシアの土地にロシア、ウクライナ、ベラルーシ、そしてわれらの教会がふくまれ、世界各地のさまざまな国家に暮らす子どもたちは保護されることになるだろう」[12]。その後、二〇二二年四月には、ウクライナでの戦争ですでに二万人以上のロシア兵が死亡していたが、彼は依然としてロシア人に対して、ロシアの「外部と内部の敵」と戦うために「一体となる」よう訴えた。しかし戦争の犠牲者がますます増えていくにつれて、総主教はウクライナでの正当性をすべて失った。二〇二二年五月、独立したウクライナにある、まだモスクワに依存していた教区全体が離脱した。

正教徒を自称するその他のイデオローグは、権力の周囲にいる人々をひとつにすることができるイデオロギーをもちたいというロシア大統領の願望を満たそうとした。コンスタンティン・マロフェーエフやアレクサンドル・ドゥーギンはおたがいに立場は大きく異なるが、katehon.comというウェブサイト内でチームを組んでいる。マロフェーエフは、通信、メディア、テクノロジー、不動産、農業への投資を中心とするロシア有数の投資グループ「マーシャル・キャピタル」を二〇〇五年に設立した[13]。七〇〇〇万人以上の視聴者がいるとされる極右テレビ局「ツァーグラードTV」の取締役会長も務めている。世界ロシア人民評議会の副会長である彼は、とくに聖ワシリイ慈善財団を通じて、正教会の信仰を推進し、家族の価値観を擁護している[14]。

アレクサンドル・ドゥーギンも正教の信仰者であり、現在の教会と古儀式派の分裂の克服を呼びかける「共宗教主義」の傾向をもっている。自由主義がファシズムや共産主義と同様に現代の危機に責任があるとする数十冊の著書を発表している。ルネ・ゲノンや、アラン・ソラル、アラン・ド・ブノワなどのフランス極右思想家から影響を受けた彼は、ユーラシア帝国だけがポストモダンの退廃に終止符を打つことができ、そしてロシア文明が難攻不落の要塞で、彼が「原初の伝統」と呼ぶ真実を守ることを可能にすると考えている。ヴラジーミル・プーチンにかんする著書もある彼は、ずっと以前からロシアでの権威主義的、さらには独裁的政権を正当化しており、プーチンには反キリストの自由主義政権に対抗する能力があると信じている。ドゥーギンは、ロシアの民主主義が権力の適切な機能を保証することができる人物を見つけたのだと考えている。「(権力の) 三つの部門間のバランスは、プーチンによって代表される卓越した権威の役に立つように維持されている。私の意見では、これはきわめて適切な君主主義＝権威主義的モデルである。政府に代表される行政権と、下院に代表される立法権、そして最高裁判所に代表される司法権も、今日では自律性を保っていない。なぜなら権威主義的な主観的権力は、全体としても個人としてもそのなかには存在しないからだ。それはプーチンのなかにある[15]」

ドゥーギンは、ロシア語話者を保護するという名目で、とくにウクライナでの戦争を熱心に支持した。それについて彼は二〇一四年に、ロシア語話者がウクライナ当局からの「ジェノサイド」の犠牲者であると書いていた。二〇一四年五月六日、ネットワーク報道機関ANNAニュースのインタビューで、二〇一四年五月二日のオデッサでのできごと、つまり四三人が死亡した労働組合会館の火災についてコメントし、「五月二日の混乱を引き起こした者たちを殺せ、殺せ、殺せ…」と呼びかけた。しかし、ウクライナの情報機関はその後、悲劇に関与した人物たちの名前を特定したが、彼らはロシア出身者だった[16]。これに対して、アレクサンドル・ドゥーギンの著書、『ロシアのユーラシア的復讐La Revanche eurasienne de la Russie』(ロシア語、二〇一四年出版)、『ウクライナ。私の戦争。地政学ジャーナル Ukraine. Ma guerre. Journal géopolitique』（ロシア語、二〇一五年出版）をウクライナで発売禁止にした。

オリガルヒのコンスタンティン・マロフェーエフは、自分の指導者の好戦的で帝国主義的なヴィジョンを共有している。実際、二〇一六年一〇月二四日、ウクライナのハッカー・グループ「サイバー・アライアンス」が、ヴラジスラフ・スルコフのメールボックスを把握したと発表した。最初に公開されたファイルには、「ウクライナ不安定化計画」（「シャトゥーン」計画と呼ばれる）がふくまれていた。一〇月二五日、スルコフにかんする新たな漏洩が発生し、二〇一四年から二〇一五年にかけてのドンバスの不安定化にマロフェーエフが決定的な役割を果たしたことが明らかになった[17]。二〇一四年五月一三日、プーチンとドンバス地方の自称共和国との連絡担当者であるヴラジスラフ・スルコフに、ドネツィクとルハーンシクで誰を意志決定役に任命すべきかを伝えたのは彼だった[18]。

二〇二〇年一一月二日、モスクワで開かれたドンバス義勇兵同盟の第六回会議で、マロフェーエフは次のように宣言した。「われわれは、国家が細かく分断されていることによって、一種の錯乱状態の中で暮らしている。主権国家ウクライナというもの、ドンバスというものが存在すると言われてもそれは無意味だ。なぜウクライナが主権国家なのか。誰がウクライナを出ていかせたのか。ベロヴェーシ合意【ロシア、ベラルーシ、ウクライナの最高指導者がソ連の消滅と独立国家共同体の設立を宣言した】の正気の沙汰ではない陰謀の結果を、今すべてのロシア国民が心の底から認めるべきなのか？私はこう言いたい。クリミアとドンバスがロシアに助けを求めたのは最初の兆候にすぎない。ウクライナ全土がロシアの一部にならなければならない。だれかがそれを望まないとしたら（中略）、西部地域はポーランドでもオーストリアでも好きなところにもどることができる」[19]
対ウクライナ戦争への関与に対する欧州連合の制裁下にあるマロフェーエフは、自分がクレムリンの戦争に関与し帝国的政権を復権させようとすることに歴史的正当性をあたえるため、二〇二一年から二〇二二年にかけて『帝国 L'Empire』と題する三巻の歴史哲学の著書を出版した。彼は善悪二元論的な歴史観によって、数千年前から、世界ではカナンの王国の闇の力と帝国の光の力というふたつの力が対立してきたと考える。彼によると、この戦いは一九四五年、ロシアに決定的な転換をもたらした。「第三帝国を打ち破るため、ソヴィエト・ロシアはふたたび第三のローマになる必要があった。そして一九四五年五月にそうなった。ソヴィエト帝国は、グルジア人のヨシフ・ジュガシヴィリの人格と世界観のおかげで出現したのである。彼はスターリンという筆名で歴史に刻まれた[20]」。
マロフェーエフは、ウクライナでの戦争への主要な資金提供者のひとりである。二〇一四年には、イーゴリ・ギルキン（ストレルコフ）大佐の、クリミア併合とドンバス不安定化作戦を積極的に支援した。現在ギルキンは、マレーシア航空MH17便を地対空ミサイル「ブーク」で撃墜する命令を下し、二九八人の乗客乗員を死亡させたとして、国際的な制裁を受けており、欠席判決で終身刑が宣告されている[21]。マロフェーエフは二〇一四年一月、ギルキンに同行してクリミアに行っていたが、キリル総主教の代表団に属していた。この訪問の目的は、半島の住民に聖遺物を崇拝させて併合の準備をすることだった。二〇一五年にギルキンは、二〇一四年三月から六月まで、ドンバスのロシア正教会から積極的な支援を受けたと述べた。

「第一に、スラヴャンスクでもドネツク（ドネツィク）でも、〝スラヴの壮挙〟の始めから、われわれはつねにロシア正教会の聖職者、修道士、修道院の支持を感じ取っていた。弾圧の可能性があったにもかかわらず、彼らは公然と義勇軍を通行させ、祝福した。ウクライナのチェックポイントを通過させたり、はっきりと立場を表明したりすることをふくめてだ。（中略）われわれが出会った聖職者たちはみな、われわれの戦いを支持していた。国家的観点ではなく、宗教的観点からそうしていたのだ。彼らは誰がキエフ（キーウ）で権力をにぎったのかを理解していた。悪魔的と呼ぶことができる勢力がやってきた。というのも、彼らの行動は当初、熱狂的で凝縮された嘘にもとづいていたからだ[22]」

マロフェーエフにとって、この帝国の憲法は、ウクライナでの戦争を始めとするあらゆる戦争を正当化する。彼はモスクワ宗主教庁に属するウクライナ正教会の司教たちに支えられて、自称「ルガンスク人民共和国」と「ドネツク人民共和国」をロシアに併合する準備をした。ウクライナ人ジャーナリストのテティヤナ・デルカッチは、詳細な資料にもとづく著書を出版し[23]、モスクワ総主教庁の数十人の司祭と、ウクライナ正教会の数千人の聖職者がこの作戦に直接関与したことを明らかにした[24]。しかし、この戦争とロシア正教会の大規模な関与は、ヴラジーミル・プーチンがその全責任を負うのでなければ起こりえなかっただろう。

ヴラジーミル・プーチンの個人的責任

プーチンが権力の座に就く前、ロシア国家は共産主義のテロの犠牲者に敬意を表した。一九九八年七月、ボリス・エリツィンが皇帝一家の遺骨をエカテリンブルクからサンクトペテルブルクの首座使徒ペトル・パウェル大聖堂に移して安置させたときも同様だった。二〇〇〇年三月二六日にプーチンが大統領に就任したことで、すべてが変化した。二〇〇二年三月には、モスクワ中心部にあって修復された正教会が、総主教アレクシイ二世によって「FSBの小教区教会」として奉献され、FSB職員が以前は顧みることがなかった精神的な要求を満たすものとなった。FSB長官で、安全保障会議書記となるニコライ・パトルシェフ臨席のもとで奉献の儀式がおこなわれ、彼は総主教から、神の母「エレウサ」のイコンと彼の守護聖人をあらわしたもうひとつのイコンを贈り物として受け取った。[25]

プーチンは、権力を握るとすぐに、かつて共産党にゆだねられていたアイデンティティを強固にする役割を取りもどし、中・東欧の民主化運動からの抗しがたい圧力に抵抗するには、正教会をよりどころとした方が良いということに気づいた。というのも、エッセイストで神学者のジャン＝フランソワ・コロシモが述べているように、こうした運動は彼の個人的な資産や国家についてのマフィアのような考え方に問題を投げかける可能性があったからだ。「内部では、教会はかつて共産党から割り当てられていた役割を取りもどしている。愛国心、道徳、社会規範、エリートの採用を担当している。そうした中でキリル一世は、社会を統治する教会＝兵舎という、彼が作り出したかつて存在したことのない一九世紀カトリック思想についてのイメージにならおうとしている。時代錯誤にも、伝統的に正教のものではない異端審問という次元で、現代性と戦おうとしている」[26]

最初の二期の任期中だった二〇〇〇年から二〇〇八年、プーチンはカフカスのコミュニティー、とくにチェチェン人に対して、ロシア人の排外主義的で外国人嫌いの感情を刺激した[27]。しかし第二次チェチェン紛争は数万人の死亡と大規模な破壊を引き起こし、二〇〇七年三月にラムザン・カディロフ政権が成立すると、その新封建的権力はスンナ派イスラーム教の最も原理主義的な潮流をよりどころとした。チェチェン大統領の治安部隊である「カディロフツィ」は、誘拐、拷問、暗殺に関与したとして複数のNGOから非難されてきた。二〇一五年には、ロシア大統領のもとで、チェチェンでの権威を確立するために、モスクワでボリス・ネムツォフを暗殺している。

ロシアでは人口の四一パーセントが正教徒であると申告しているが、教会の掟を実践している信者は六〇〇〇万人ほどしかいないことをプーチンは認識していた[28]。プーチン政権になって以降、ロシアでは反教権主義の傾向がとくに高まっていた。ロシアの映画監督アンドレイ・ズビャギンツェフは、映画「裁かれるは善人のみ」で、腐敗した政治家たちと、至福の福音書のメッセージを失った司教たちの、ロシア全体での同盟関係を辛辣に描いた。しかしプーチンは、ソ連時代に正教会から没収された多くの土地や建物を取りもどさせ、場合によっては、たとえば国家に税金を支払うことなくタバコやアルコールを販売することを許可するなどの弁償をすることで、正教会を優遇した。二〇〇九年の指導要領では、公立学校で宗教文化を教えることが認められた。宗教的実践を禁止した一九九二年の法律を無効にする二〇一二年の法律によって、「正教文化の基礎」について教えるための道が開かれた。

こうした宗教教育は伝道ではないとみなされているものの、教会はそれを利用してロシア社会における立場を強化し、クレムリンが勧めるものに近いロシアの理想のアイデンティティを広めることができた。[29]

プーチンは、ティーホン・シェヴクノヴ神父とも親密になり、彼を自分の聴罪司祭にしたといわれ、彼に「モスクワ、第三のローマ」の神話を復活させるよう勧めた。そして彼は映画「帝国の崩壊。ビザンティンの教訓」を監督し、この映画は二〇〇八年にロシアのテレビで何度も放送された。

政治学者ヴラジーミル・モジェゴフによれば、この映画は、「ビザンティン・シンフォニア（ビザンティン・ハーモニー）」の全能性を復活させる「新たな正教原理主義」が出現する前兆だった。聖と俗を二元的に対立させるのではなく、最終的には一元に復帰する調和の関係としてとらえるこの「ビザンティン・シンフォニア」の概念を、ロシア移民の家族として生まれ、主としてアメリカで活躍した神学者であるアレクサンドル・シュメーマン司祭は、厳しく批判した。「ユスティニアス一世は、有名な『ローマ法大全』に加え、反キリスト教、反教会のユートピアである有害な〝シンフォニア理論〟の創始者となった。この理論はつねにキリスト教会の良心に影響をおよぼし、歴史上のキリスト教の無数の悲劇の原因となった。ユスティニアスの理論の有害な特徴は、教会の位置づけがまったくなされていないということにある。真摯にキリスト教をすべての国政の基礎に置きながら、偉大な皇帝は教会を見ていなかった。そのため、キリスト教世界についての理解を誤った前提から導き出したのだ」。[30] 実際、この理論は、国家と教会の境界を失わせることになった。それは、聖マタイの福音書では、「皇帝のものは皇帝に、神のものは神に返しなさい」とあり、ガラテヤの信徒への手紙では、「この自由を得させるために、キリストはわたしたちを自由の身にしてくださったのです。だから、しっかりしなさい。奴隷の軛に二度とつながれてはなりません」とあるように、それまで教会の不変の自由を守っていたものだった。

大統領の三期目には、政権の新たな急進化が始動する。それは、反動的なザヴトラ紙の編集長であるアレクサンドル・プロハーノフや、アレクサンドル・ドゥーギンによって、「ロシア世界」を普及させるために創設されたシンクタンク、「イズボルスク・クラブ」の創設に象徴されている。イズボルスクは、エストニアとの国境地域にある町【年代記で言及されているロシア最古の都市のひとつ】の名に由来する。二〇一五年、プーチンから一〇〇〇万ルーブルの寄付を受けたイズボルスク・クラブは、雑誌を発行し、影響力のあるウェブサイトを運営しており、ティーホン・シェヴクノヴ――二〇一八年にプスコフ・ポルホフ府主教となった――のような極右の人物だけでなく、ザハール・プリレーピン、ナタリア・ナロチュニツカヤ、セルゲイ・グラジエフなど、多くの政治家や知識人もメンバーにふくまれている。

プーチンは、二〇一五年から二〇一六年にかけて、このグループと正教会に支えられ、ロシアの宗教組織を整えた比較的リベラルな一九九七年の法律を改正し、特別な地位をもたないすべての宗教共同体にその存在や活動について当局に知らせることを義務づける法律を下院で可決させた。「ヤロヴァヤ法」の名で知られる二〇一六年の法律は、二〇〇二年の過激主義にかんする法律を改正したもので、正教会の外での勧誘活動を大幅に制限し、公式に認められた宗教的施設でのみおこなうよう厳命していた。民間アパートでの祈祷集会でさえも禁止されたため、多くのプロテスタントのコミュニティやエホバの証人にとって不利益となった。[31]

ロシア大統領は、ロシアの保守的価値観に回帰する必要があるとして、この法制変更を正当化した。アレクサンドル・ソルジェニーツィンの未亡人のもとをたびたび訪れ、演説の中でファッショ的な亡命哲学者イワン・イリインを何度も引用した。プーチンは、ドゥーギンによって復権を果たしたユーラシア主義思想家たちの遺産をよりどころとして、ロシアは西洋の一部ではないと述べた。著名なジャーナリスト、ユリア・ラティニナは、二〇一五年九月九日のノーヴァヤ・ガゼータのウェブサイトで、次のような公開質問をした、「わたしたちが西洋ではないとしたら、わたしたちは誰なのでしょうか」[32]。しかし彼女の記事には、ロスコムナゾール（ロシア連邦通信・情報技術・マスコミ分野監督庁）によって黒い横線が引かれていた。彼女はこのように書いていた。「権力者、ジャーナリスト、ファシズムのイデオローグたちにとって悪い知らせがある。ロシア文化は、ロシアがヨーロッパになったときに偉大になったのだ」。ロシアの著名な作家リュドミラ・ウリツカヤは、二〇一四年八月にオーストリアのヨーロッパ文学賞を受賞した際、デア・シュピーゲル誌に「わたしの国は病んでいるMein Land krankt」という衝撃的なタイトルの記事を発表した。「今日のロシアの政治は自殺的だ。それはまず第一にロシアにとって危険であるが、新たな戦争、第三次世界大戦を引き起こす可能性もある[33]」

外交政策にかんしては、旧ソ連全体をいまだにカバーしている唯一のロシア機関であるモスクワ総主教庁が、ロシア国家の力を回復するための格好の基盤をヴラジーミル・プーチンに提供してもいた。二〇〇七年にプーチンは、在外ロシア正教会およびアメリカ、ヨーロッパ、中東の数十の教区と、モスクワ総主教庁の統合のために、個人的に便宜をはかった。ベラルーシ、ウクライナ、バルト三国、カザフスタン、中央アジアの諸共和国でのモスクワ総主教庁の代表者を利用して、この地域を不安定化させた。彼は世界中のロシア教区のネットワークも利用して、関係各国の権力の中枢に近づき――パリでは二〇一六年に、ロシア正教会・教育文化センターに組み込まれたケ・ブランリーの教会が完成した――、軍事的契約を交渉し――たとえばサルコジ大統領との揚陸艦ミストラルの対ロ輸出契約など――、非自由主義的政策を推進している。

ロシア大統領三期目の二〇一五年には、ベラルーシ、カザフスタン、アルメニア、キルギスとユーラシア経済連合プロジェクトを立ち上げた。キリル総主教に対しては、ウクライナでの戦争が内戦に過ぎないことを世界の世論に広めるため、キューバでローマ教皇と会見するよう勧めた。バッシャール・アル＝アサドによる化学兵器使用後のバラク・オバマのためらいを尻目に、プーチンはシリア和平の仲介者として教皇フランシスコに名のりをあげた。二〇一八年三月からの大統領四期目以降、彼は欧州連合を分断させるためにより攻撃的になり、北マケドニアとブルガリア、セルビアとクロアチア、モンテネグロとセルビアの間の紛争を激化させた。

国際法の無視と、魂を操作する目的での民間信仰の道具化によってプーチンは、第二次チェチェン紛争からブチャやマリウポリでの虐殺まで、最も忌まわしい犯罪を正当化することができた。反体制派を逮捕し、表現の自由を妨げ、まだ国外に逃亡していない人々を投獄すると脅すこともためらわなかった。三〇年以上モスクワ首長ラビをつとめてきたピンカス・ゴールドシュミットは、二〇二二年七月八日、イスラエルの地で、ウクライナ侵攻に対する彼の姿勢がユダヤ人共同体を危険な状態に陥らせたため、その職を辞したと述べた[34]。

元KGB大佐であるプーチンはまた、ロシア帝国の忠実な後継者であると主張するため、歴史家にもなろうとしている。二〇二一年七月一二日、彼は「ロシア人とウクライナ人の歴史的一体性について[35]」という論文を、ロシア語とウクライナ語で――クレムリンのサイトでは初めてのことだ！――発表した。その中で彼は、「ロシア人とウクライナ人はひとつの民族である[36]」と主張していた。二〇二二年二月二四日、侵攻についての演説では、ウクライナは一九九一年以前には主権をもたなかったと語った。しかし、ロシアの歴史家ミハイル・ゲラーがその著書『ロシアとその帝国の歴史Histoire de la Russie et de son empire』[37]で示したように、キエフ大公国以後、一七世紀からウクライナのコサック国家が確かに存在し[38]、ロシア帝国崩壊後にはウクライナ人民共和国（一九一七―一九二〇年）の建国が宣言されている。

ヴラジーミル・プーチンは神学者、聖書の公認解釈者にもなった。二〇二二年三月一八日、複数のテレビ局によって中継放送されたモスクワのルジニキ・スタジアムでのイベント中に、彼は福音書を引用して国民にウクライナで戦うよう促した。「私たちがドンバスとウクライナで開始した軍事作戦のおもな目的と動機は、この地の人々を苦しみと大量虐殺から解放することにあります。このスタジアムで、私は聖書の言葉を思い出します。〝友のために自分の命を捨てること、これ以上に大きな愛はない〟（『新共同訳聖書』、「ヨハネによる福音書」一五章一三節）。そして私たちは、この作戦中、兵士たちがいかに勇敢に戦ったかを見ています。この言葉はキリスト教の聖書に由来します。それはこの宗教を信仰する人々にとって大切なものです[39]」。すべての剣を置くよう呼びかけている福音書をこのように転用することに対して、ゲオルギー・ミトロファノフのようにロシアで公然と反対しようとするロシア正教の司祭はめったにいない[40]。

このことは、プーチンの真の宗教に疑問を投げかけている。彼は一九七〇年代に反宗教活動にくわわったKGB工作員だったが、子どものころひそかに正教会の洗礼を受けていたことをみずから語っている。キリスト教への回帰は一九九六年、住居の一室でサウナに入っていたときだったとまで言っている。突然火災が発生し、娘を炎から救い出し、窓から逃げるだけの時間はあった。その翌日、アルミニウム製の洗礼用十字架が溶けていないことがわかり、彼は驚いた。それは彼にとって「真の啓示」であり、彼が特別な保護を受けていたことを示す天のしるしだった。それ以来、彼は正教会暦の礼拝を定期的におこなっている。イラリオン府主教によって制作され、ロシアのチャンネル1で放送されたモスクワ総主教庁を賛美する二〇一三年の映画「ロシアの第二の洗礼」の中で、プーチンは、ロシア正教会に対する協調政策はスターリンの政策に忠実に従ったものだと語っていた。しかしフランスの歴史学者フランソワーズ・ドーセは、ロシア大統領が示したキリスト教信仰に対しては慎重な態度をとっている。彼の信仰は、選挙で選ばれ、新たな「権力の垂直構造」を確立するために愛国的価値観に訴える不可知論者の信仰だろう。科学的無神論や弁証法的唯物論の講義を忘れていない人々にとって、「すべての信仰告白は人間によって発明されたものである。そしてもし神が存在するとしたら、神は人間の心のなかに存在するに違いない[41]」

さらにモスクワ総主教庁は、キリスト単性説、権力の神聖化、暴力崇拝など多くの異端を伝播したため、ソ連崩壊後の市民の宗教に変化を生じさせた。ホモ・ポスト＝ソヴィエティクスの新帝国主義的宗教のまさに神官であるプーチンの信仰を、ギリシア・ローマの多神教の信者の信仰と関連づける多くの兆候を指摘するのは、理にかなったことである。例として、彼はジョージア侵攻には二〇〇八年八月八日、ウクライナ紛争の拡大には二〇二二年二月二二日（実際は二三日）という切りのよい日付を選んだ。また、ロシアの歴史、とくに第二次世界大戦の重要な数字によって建物の比率が決定されたロシア軍主聖堂の例を挙げることもできるだろう。[42] このような数霊術のセンスは、ファトゥム（宿命）信奉者に典型的なものだ。二〇一六年にプーチンが、マニ教とグノーシス主義で知られるアントン・ヴァイノを大統領府長官として選んだことは、彼の宗教的変化を如実に物語っている。そして二〇二二年四月一二日、彼はメディアに対して、ウクライナを攻撃する以外に選択肢はなく、この軍事作戦は「不可避のもの[43]」だったと説明した。

しかしもっと心配なことがある。二〇一八年一〇月一八日にソチでプーチンは、核戦争が起きた場合、ロシアへの攻撃者は「後悔する時間もなく」死ぬことになるだろうと述べた。ロシア人は何も恐れるものはないという。「われわれは殉教者として天国に行くだろう[44]」

第21章　退行する疑似保守社会

ガリア・アッケルマン

西側諸国では、プーチン政権がもくろんだ歴史の書き換えについて多くのことが書かれている。それはロシアの歴史全体、とくにスターリン時代についての印象をやわらげ、輝かしいイメージをあたえようとするものである。しかし過去へと向かう社会、しかも抑圧的な過去へと向かう社会、人々を「小さな歯車」に変えてすべての個性を抑圧した体制へと向かう社会は、必然的に、過去の反動的な社会的価値観に回帰する。このような変化はとくにスターリン政権下で起こった。

スターリンとその後継者たちの時代の個人の自由と、ゴルバチョフ時代の覚醒

偉大な詩人で、同じく詩人のアンナ・アフマートヴァの最初の夫であるニコライ・グミリョフが

一九二一年に銃殺されたように、反ソ活動の疑いが少しでもあれば個人を「粛清」することができた革命後の数年間が過ぎると、ボリシェヴィキの恐怖は「解放的な」風紀の乱れによって「相殺された」。しかしスターリンは、個人の私生活における自由は、社会主義の祖国に身も心も捧げている者であっても、全体主義体制にとって有害なものであるということをすぐに理解した。そして一九三〇年代にはジェンダーにかんする法律が強化された。同性愛はきびしくとりしまられ、中絶は禁止され、離婚手続きは複雑で高くつくものとなり、さらに共産党員は離婚不可能となった。家族は「社会の基本単位」とされ、その機能は国家によって規制されることになった。

年を追うごとにその他の制限や禁止事項がふえていった。男女別の教育が復活し、帝政ロシアの制服によく似た制服の着用が義務化された。西側のポップミュージック、とくにジャズが禁止され、その後ロックも禁止された。若者の長髪やひげが禁止され、ジーンズの着用も禁止された。女性の襟が広くあいた服やタイトすぎるスラックス、あるいは逆にすその広がったスラックスなど、やや大胆な服装は非難されたり処罰を受けたりした。前衛芸術の発祥地で近代美術が追放され、貴重な芸術的至宝が破壊された。二〇世紀の西洋文学や哲学は、共産主義者やそれに共鳴する作家の作品に厳しく限定された。迫害は、映画監督のセルゲイ・パラジャーノフ、作曲家のドミトリー・ショスタコーヴィチ、小説家のミハイル・ブルガーコフのような活動中の創作者たちにもおよんだ。文学や芸術において名誉ある地位を占めていたのは、社会主義リアリズムの作品であり、帝政時代の「進歩的」といわれる作品だった。そして日常生活においては、目立ってはならず、控えめに、そして政権に忠実に行動する必要があった。

こうした禁止の大部分はソ連時代の終わりまでほとんど効力をたもちつづけていたが、突然に大量の文学作品や芸術作品、歴史や哲学の本が流出して大衆を驚かせた。これにはアメリカの投資家、ジョージ・ソロスのオープン・ソサエティ財団が重要な役割を果たした。財団の助成金やその他の取り組みのおかげで多くの本が翻訳され、ロシア全体の図書館に配布され、ロシアの研究や教育者の支援となった。[1] 数年のうちに社会全体が大きな進歩をとげて政治的自由がもたらされ、精神分析の開花や同性愛罪の無効化が示すように、社会のあらゆる領域で大変革が起こった。ロシア人の前にどれほど広大な新世界が開かれつつあったかを理解するには、古いドキュメンタリーで、ペレストロイカ末期やポスト共産主義当初の公開討論のときに人々が目を輝かせているのを見れば十分である。

残念なことに、このめざめ、この高揚感は長くは続かなかった。プーチンが権力を握った最初の数年間で、政治的自由は徐々に失われ、社会的自由も次々に消滅していった。当初は、個別のケースとして局所的な行きすぎとみなされた。しかし二〇〇〇年、ヴラジスラフ・スルコフの助言によって大統領府は、数地域にまたがる青少年組織、「ともに歩む人々」を創設した。その目的は、一一歳か一二歳を過ぎた青少年を指導して、「健康」で愛国的な価値観をうえつけることだった。この組織は、二〇〇一年から二〇〇二年にかけて国民に「有害」な作家、とくにヴィクトル・ペレーヴィン、ヴラジーミル・ソローキンなどの作品を回収し、その代わりにソ連の「すぐれた」作家ボリス・ヴァシリエフの戦争小説を推薦するキャンペーンを打つなど、人騒がせでむしろ常識はずれの活動をおこなった。その後、「ともに歩む人々」はボリショイ劇場の近くに巨大な便器を作り、風刺的でディストピア的な作品を乱暴に破って投げつけたが、それは予言的なできごとだった。[2] ヴラジーミル・ソローキン自身は、この行動の本質を次のように定義している。「文化を〝洗浄〟し、品のよいものにしたいという欲求は、新政権の兆候であり、新しい国家の構造の兆しとなるものだ。しかし今のところは穏やかな〝洗浄〟だ。わたしはこの青年たちをパウダーを振った褐色シャツ隊と呼びたい」[3]

二〇〇三年には新たな一歩が踏み出され、モスクワのサハロフ・センターが「注意、宗教！」という展覧会を開いた。この展覧会には約四〇人の芸術家が参加し、そのなかには、パフォーマンス・アーティストのオレグ・クリクや、「ソッツアート」（ソ連のポップアート）の創始者のひとりであるアレクサンドル・コソラポフのような著名芸術家も含まれていた。ロシアでの教会の影響力が急速に増大したことで、この寄せ集めの芸術家集団は、宗教の本質について深く考えるようになり、宗教と国家が融合する危険性についても注意を払うようになった。サハロフ・センターは、モスクワの人々の間でそれほど人気があったわけではなく、開幕から四日後に六人の「怒れるキリスト教徒」の迫害行為によって破壊されたため、展覧会を訪れたのはわずか数十人に過ぎなかった。重要なのは、六人のフーリガンが処罰されず、協力者の女性とサハロフ・センター長ユーリ・サモドゥロフと、共同主催者とみなされた芸術家アンナ・アルチュクが長期にわたる裁判を受けることになったことだ。この迫害行為と裁判は、ロシア正教会と「愛国者」が急進的勢力を動員する手段として機能した。そして、ニキータ・ミハルコフ、イリヤ・グラズノフ、ヴァレンティン・ラスプーチンのような文学者や文化人は、公開書簡で、この展覧会を共産主義者の反教権的プロパガンダと比較することはできない、なぜならそれは「意識的な悪魔崇拝」[4]に属するものだからだ、と主張した。

アンナ・アルチュクの夫として裁判に出席した哲学者のミハイル・ルィクリンは、この「魔女集会」[4]について、『鉤十字、十字架、星。統制民主主義時代の芸術作品』[5]という本を書いた。彼にとってこれは、現代ロシアで宗教的テーマについての考えを表明する芸術家に対する、初のイデオロギー的な刑事裁判であり、ロシアにおけるファッショ的な政治体制の到来を予測させるものだった。サモドゥロフと彼の協力者が「宗教的憎悪の宣伝」で高額の罰金を科せられた一方で、アンナ・アルチュクは無罪となったが、夫妻は反ユダヤ主義的な意味合いを帯びた中世のような裁判にトラウマを負ってドイツに移住した。長きにわたる試練で抑うつ状態におちいったアルチュクは、ドイツで自殺した。モスクワの知識人で反体制派司祭であるヤコフ・クロトフは、次のように書いている。「展覧会をめぐるできごとは、現代ロシアの典型的な精神病性のシナリオに沿って展開した。この精神病の特異性は、想像上の構築物が現実として認められ、我々の感覚で理解できる現実よりも実質的なものになっているということにある。精神病の論理では、宗教は国家とは切り離されているということや、展覧会の破壊は教会や寺院やモスクの破壊と同じように禁止されているということは問題ではないのである。精神病患者を危険なものにしているのは、彼が自分の想像した法制に従って生きており、法律よりも信仰心をかぎりなく重視しているということだ」[6]。ウクライナに対するロシアの政策で頂点に達した、現実から想像上の現実への置きかえは、プーチン政権の最初の数年間にすでにおこなわれていたことだった。

この裁判はロシアの知識人や芸術家に有害な影響をあたえた。それ以後、迫害の恐怖から、さまざまな文化機関や芸術機関の指導者は自己検閲を実施して、教会の上層部や、ソ連時代の反応をとりもどした一部の世論の支援を受けた、「怒れるキリスト教徒」からの攻撃を避けようとした。二〇〇六年、トレチャコフ美術館のキュレーターのひとりであるアンドレイ・エロフェーエフの提案により、サハロフ・センターは、前年に検閲の対象となった作品を集めた、二回目の議論を呼ぶ展覧会、「禁じられたアート　二〇〇六」を開催した。実際には、検閲官によって検閲の対象となったものではなく、諸機関があえて展示しなかった作品だった。[7]この展覧会では、「禁じられた」ことを強調するために、展示された二三の作品が、絵画に直接近づけないように仕切られた壁の小さな穴を通してしか見られないようになっていたが、今度はそのことが非難された。二〇〇七年三月、正教・愛国運動のナロドニ・ソボールは、展覧会の主催者に刑事責任を問うよう検事局に求めた。自分の運動のメンバーたちは、これらの芸術作品が信者の感情を傷つけ、宗教的憎悪をかき立てるものと考えている、というのがその理由だった。彼らによれば、この展覧会は「反宗教的、反国家的、過激主義的であり、ロシア軍とロシア正教会を中傷する」ものだった。専門家の力を借りた長期にわたる審理と、二〇一〇年に開かれた長期の裁判の結果、ふたたび多額の罰金が科せられた。中でもサモドゥロフはサハロフ・センター長の職を失い、エロフェーエフはトレチャコフ美術館のキュレーターの職を失った。[8]

このふたつの裁判では、検察側は被告たちに懲役刑を求めたにもかかわらず、科されたのは重い罰金刑だけだった。それから二年もたたないうちに、ある芸術的パフォーマンスの参加者たちははるかに厳しい判決を受けることになった。プッシー・ライオットのケースはよく知られている。二〇一一年に結成されたこの女性パンクグループは、フェミニズム、ＬＧＢＴの擁護、エコロジーを主張していたが、反プーチンでも知られていた。二〇一二年にプーチンが大統領三期目に再選される直前、メンバーの一部がモスクワの救世主ハリストス大聖堂で特別な祈りをおこなった。覆面をつけた若い女性たちは、聖母にプーチンを追い出すよう呼びかけ、正教会の指導者にきつい言葉を投げかけた。「グンジャエフ総主教（キリル一世）はプーチンを信じている。あんたは神様を信じた方がよかったのに！」[9]。パフォーマンスはわずかの時間しか続かなかった。彼女たちは警備員によって逮捕されたからだ。二〇一二年一〇月、参加者のうちふたりは禁錮二年の実刑判決を受け、三人目は執行猶予二年の刑を宣告された。世界中からこの判決への抗議の声が上がったにもかかわらず、大統領本人はこれを承認した。「実のところ、彼女たちが逮捕されたのは正しかったたし、裁判所が下した判決も正しかった。なぜなら、倫理、道徳の基盤を揺るがすことはできないし、国家を崩壊させることもできないからだ。そうなったらわれわれに何が残るというのか」[10]

これらの三つの裁判は社会の転機となった。「退廃的な」西側諸国と対置される倫理、道徳、伝統的価値観の擁護は、二〇一二年にプーチンがふたたび大統領になってから勢いをまし、並行して若者への軍事愛国教育も強化された。当局は、世界中で有名になり、プーチンを笑いものにしたプッシー・ライオットの裁判のような事態をくりかえすことは避けていたが、権力、教会、伝統的価値観に対する批判、そして西側の価値観に対する支持はすべて公共空間から排除されていった。

ロシアの有名な画廊経営者でコレクターのマラト・ゲルマンの話は示唆に富んでいる。彼はウラル地方のペルミで、芸術祭のディレクターと現代美術博物館の館長を数年間つとめていた。一連のスキャンダルのあと、彼は二〇一三年にすべてを失った。

ある批評家は次のように書いている。「ゲルマンは、社会に卑俗やわいせつを見せて押しつけることに成功しただけでなく、国家予算でそれをおこなうこともあった。言いかえれば、〝ロシア国家の主要な柱のひとつであるロシア文化の破壊〟[11]が、ロシアの資金でなされたということだ」[12]。権力を批判する現代美術――一般にそれは世界各地の政治芸術家の目標である[13]――の最後の中心地はこうして消滅させられた。ゲルマンを支持していたペルミ地方知事オレグ・チルクノフは解任された[14]。「ペルミの文化革命の主要イデオローグ」とみなされていたチルクノフは、モンテネグロに移住し、二〇二一年に「外国のエージェント[15]」の烙印を押された。

自由をふみにじる法律での「伝統的価値観」の擁護

二〇一二年から二〇一三年には、自由をふみにじるいくつかの法律が可決された。プロパガンダはキセレフ、ソロヴィエフ、スカベイエヴァ、シモニャンのような少数のジャーナリストによっておこなわれていたが、伝統的価値観の擁護は、エレーナ・ミズーリナ、イリナ・ヤロヴァヤ、ヴィタリー・ミロノフ、ヴァチェスラフ・ヴォロージン、アレクサンドル・キンシュタイン、ニキータ・ミハルコフなど、とくに不愉快な少数の公人たちにまずはゆだねられていた。ヴラジーミル・ジリノフスキーも同様に、一九九〇年代に西側諸国に対する帝国主義的態度や粗野な言動でプロモーションをした先駆者だったが、こうした人物たちは今日でも、前出の宣伝者たちが司会をつとめるさまざまなトークショーに頻繁にゲスト出演し、露出過剰なほどである。

最も保守的な価値観をもつふたりの象徴的な女性の活動を例としてあげておく。まず、エレーナ・

ミズーリナは下院議員だったが、二〇一五年からは上院議員となっている。二〇一二年に可決された、インターネットへのアクセスを制限する法案を提出したのが彼女である。この法律によって、政府機関であるロスコムナゾール（ロシア連邦通信・情報技術・マスコミ分野監督庁）が作成したブラックリストに掲載されたウェブサイトを排除していない、電気通信事業者の接続を切断することが可能になった。これらのサイトには児童ポルノ、麻薬関連、過激派関連などロシアで禁止されているコンテンツが含まれていたとされ、事実上、検閲が法律で認められている。[16] しかしミズーリナの最大の特徴は、家族政策にある。二〇一三年六月、彼女はみずからが委員長を務める下院の家族問題委員会で、「二〇二五年までの国家家族政策の概念」という草案を発表したが、そこでは離婚への加算税と中絶にかんする新たな制限が提案されていた。同時に、家族関連の法律制定において正教会の役割を強化すること、「多世代」家族、つまり祖父母、子ども、孫がいっしょに暮らす家族の数を増やすこと、大家族化を積極的に推進することも提案された。さらに、この道徳の守護者は、性的同意年齢の一六歳から一八歳への引き上げ、家庭内暴力の刑事訴追への反対、一夫多妻制への反対、そしてとくに同性愛への反対のために戦っている。[17] 政治学者マルク・ウルノフは次のように述べている。「ミズーリナがイニシアティブを取った法律は（中略）、きわめて特殊な特徴をもっている。彼女は不寛容の種を蒔いている[18]」

もうひとりの女性、イリナ・ヤロヴァヤは法律家で、二〇〇七年から下院議員を務めており、ロシアの保守主義が、グローバル化した世界におけるロシア国家の利点であると考えている。二〇〇以上の法案や現行法の修正案を起草しており、子どもたちの愛国教育、とくに国家が承認した唯一の歴史教科書の全校への導入、一連の刑事犯罪や行政犯罪に対する厳罰化、死刑の導入を強く勧めている。[19] 第二次世界大戦にかんする歴史的記憶の損傷に対する責任を明確に定める、歴史的記憶保護法案の共同執筆者でもある。この法律は、刑法の国際犯罪にかんするセクションを補足するものであり、とくに、二〇一四年五月九日の直前にプーチンが署名した、国家社会主義の犯罪およびナチの犯罪者の犯罪を否定する過ちだけでなく公的に称揚する過ちについての責任を定めた新たな条項が設けられていた。[20] これにより、ロシアの司法機関がウクライナの「ナチ」を断罪することが可能になるのだ。

残念なことにヤロヴァヤは、とりわけ非公式に彼女の名を冠した法律で知られている。二〇一六年四月、彼女はヴィクトル・オゼロフ上院議員とともに、テロと過激主義——無許可のデモをふくむ——を制裁する刑罰を厳格化し、一四歳から刑事責任を問う法案を提出した。「ヤロヴァヤ法」は、多くの刑事犯罪に対する拘禁期間の延長、ロシア領土内への旅行および入国禁止の追加事由の導入、携帯電話事業者による、利用者の受信・送信・通信内容にかんする情報や音声メッセージの保存期間の延長（六か月間から三年間に）、調査官による電子メールからの情報入手の承認、「国際テロ行為」の概念の導入、こうした犯罪の通告によらない立件を規定している。最後に、同法はあらゆる宣教活動にきわめて厳しい制約を設け、とくに福音主義のような少数派教会の活動をきびしく制限している。[21] 抗議の声が高まったにもかかわらず、この法案は議会で可決され、ヴラジーミル・プーチンによって署名された。[22] 新たな制約はとりわけクリミア・タタール人に大きな打撃となった。彼らは許可されていない場所で礼拝をおこなったとして「テロリズム」や「過激主義」の罪を宣告され、一五年から二〇年の禁錮刑を受けたのである。[23] 要するに、ヤロヴァヤとミズーリナは、ロシアにスターリン主義の風潮を確立するうえで、きわめて大きな貢献をしたのである。

「腐敗した」西側諸国の表現とされるＬＧＢＴ運動に対する戦い

政治的理由だけでなく、行動の違いにかかわる別の理由によって迫害がおこなわれる要素のひとつは、同性愛に対する戦いである。政治哲学者のセルゲイ・メドヴェージェフによれば、プーチン政権は他の全体主義政権と同様に、自分のルールを市民に課すことによって市民の私生活を管理したいと考えている。[24] この戦いにはおもにふたつの目的がある。ひとつは、人口減少に直面した国家が出産奨励政策を推進しようとしているので、[25] ロシアに七〇〇万人いるとされる同性愛者の数を抑制したいと考えているということだ。[26] もうひとつは、公然の同性愛は西側社会の大きな欠陥の一部であり、ソ連時代と同様にそれを禁止したり嘲弄したりするのは、西側諸国、とくに「ゲイロッパ」——「ゲイ」と「ヨーロッパ」の縮約——に対する人々の憎悪を駆り立てる完璧な手段であるということだ。「西側のジェンダー・イデオロギー」にかんする言説は、二〇一一年から二〇一二年にかけて、議会選挙での不正投票とプーチンの再選に反対する最後の大規模な抗議デモ以後にあらわれたものである。このイデオロギーは、ロシアの「伝統的価値観」を崩壊させることを目的としたものとされたのである。これは市民社会の親欧米層を抑圧し、生き方としての性の選択をふくむ彼らの自由を制限する必要があった。その結果のひとつが、「非伝統的な性的関係のプロパガンダ」を禁止する連邦行政法の可決であり、これによって同性愛者を完全に「目に見えない」ものにしたのである。「男色家」との戦いのリー

ダーのひとりが、下院議員のヴィタリー・ミロノフである。彼は次のような衝撃的な発言をあえておこなっている。「悪魔払いの祈祷師だったわたしはゲイを嗅ぎわけることができる。一般的に彼らの匂いを感じることができる。もちろん硫黄の匂いだ[27]」。二〇一四年にはロシア当局も、同性婚が認められている国でロシア人の子どもを養子にすることを禁止する法案を可決している[28]。

ここ十年間で、LGBTというテーマは政治的にますます重要になってきている。男性と女性を区別する「健全な」ロシアと、解放された西側諸国との対立がある。だれかを同性愛者として非難することは、親欧米で道徳的に堕落しているというのに等しい。そして、喜劇俳優で人気のテレビ司会者であり、歌姫アーラ・プガチョワの夫であるマクシム・ガルキンが、ウクライナ侵攻が開始されたあとロシアを去り、さらにこの戦争を批判して、ロシアの公式発表に疑いを示したとき、ロシア・トゥデイの責任者マルガリータ・シモニャンは、国内最大のテレビ局「ロシア1」のヴラジーミル・ソロヴィエフが司会を務める著名なトークショーで次のように発言した。「同性愛者であることを誰もが重々承知している男が年上の女性と結婚するのは、気晴らしのため、自分が金持ちになるため、キャリアに新たな道を切り開き、信じやすい人々にふたりが愛し合っていることを納得させるため…。この偽善や嘘のレベル、そしてこの男の資質を理解していますか？　こうした人間のくずたちは、みんなこうなのです」。そして彼女は続けてガルキンに訴えかけた。「あなたのような男、嘘つき、ペテン師は、何も考えずに祖国に泥を投げつけるのです。軍事作戦にも、地政学にも、祖国にも。なんて嫌なやつ！」。シモニャンのこの誹謗中傷を伝えたタブロイド紙コムソモリスカヤ・プラウダには、次のような見出しが載っていた。「プガチョワとガルキンは壊滅的な打撃を受けた　アーティストの恥ずべき秘密が明らかになった！」[29]。このような主張が誤りであることは強調しておきたい。この夫婦は数年前に結婚していて夫婦の間にはふたりの子どももいる。

一般に反ゲイ、反ＬＧＢＴのプロパガンダは増加しつづけている。この文章を執筆している時点で、ロシア下院は、映画監督で芸術家の議員ニコライ・ブルリャーエフが提出した法案を検討しはじめている。これは、映画、音楽、演劇、メディア、インターネットで、チャイルドフリー（子どもをもつことの自発的拒否）、非伝統的な性的指向、「家族という価値観の否定」のプロモーションをおこなうことを禁止するものである。彼によると、「問題は世界が非合理的で愚かになったということだ。ロシアには使命がある。神の摂理は、新たな基盤の上によみがえり、良識があり調和がとれていて建設的で理にかなった文明的な新しい国家モデルを世界に示すまたとない機会をロシアにあたえたのだ」[30]

ロシア政権の逆行的で反動的な性格を示すもうひとつのテーマは、社会に暴力が蔓延しているということだ。とくに軍隊内の暴力、刑務所や収容所内の暴力、大人どうしの暴力、家族内の暴力、女性や子どもなどに対する暴力が目立っている。プーチン政権は暴力を抑制しようとしていない。司法は、イルクーツク、サラトフ、ヴラジーミルの刑務所の刑執行庁職員による受刑者への拷問や性的暴行の映像が流出したケースのように、スキャンダルが生じたときだけ介入し、受刑者にむりやり協力させる[31]。こうした映像が海外に送信されたときには調査が実施され、一部の責任者が裁判にかけられたり降格されたりした。また、「先輩」による新兵へのいじめのせいで、軍隊内で自殺した例が多数あることが知られている。ロシアでは、男性優位の考えが公認されていることも知られており、プーチンもそうした考えをもつひとりである。二〇〇六年一〇月一九日、マイクがオフになっていると思ったプーチンは、イスラエル首相エフード・オルメルトにこう言った。「大統領によろしくお伝えください！　彼はとても強い男であることがわかりました！　一〇人の女性をレイプしました！　彼にそんなことは期待していませんでしたよ！　われわれはみな驚きました！　みな彼に嫉妬していますよ！」[32]。その後、問題の大統領モシェ・カツァブは辞任を余儀なくされ、禁錮七年の判決を受けた。一方、プーチン政権の宣伝活動家ディミトリ・キセレフは、自分の看板番組である「今週のニュース」で、元映画プロデューサー、ハーヴェイ・ワインスタインを擁護し、彼によるレイプや暴行の被害者とされる人々を嘲笑的に批判した。彼によれば、アメリカはセックスにかんしてユーモアのセンスを失っているというのだ[33]。

プーチン政権は二〇一七年に、エレーナ・ミズーリナのイニシアティブで、被害者の健康に影響がないかぎり家庭内での最初の殴打は行政処分（罰金など）は別として刑罰の対象とならないとする法律を可決し、家庭内暴力の非犯罪化さえおこなっている[34]。ミズーリナによれば、「刑罰が家族的価値の制度に反するものであってはならない」のだという。そして、殴打の非犯罪化は、「家族を不当な介入から守り」、「伝統的な家族[35]」を強化するだろうと述べた。ロシア正教会も二〇一六年に同様の立場を取り、子どもへの体罰を禁止する刑法の改定版に懸念を表明している。聖書に従って、教会は「適切で愛情ある体罰の活用を、神みずからが確立した親の権利を構成する要素の一部とみなしている」。家族、出産・児童のための総主教庁委員会は、自分たちの子どもを「節度をもって適度に」罰する良心的な親が迫害されることがないよう求めた。そしてこの委員会の委員長である首席司祭のディミトリ・スミルノフは、「柔らかいベルト、どちらかといえば編み込みのもので[36]」子どもたちを罰するようアドバイスをあたえた。

ときにはカディロフのチェチェンが模範を示し、ロシアがどの方向に向かうべきかを示しているような気さえする。実際チェチェンでは今、権力の暴力だけでなく、社会的暴力や住民の服従が全体に広がっている。そこでは、預言者ムハンマドの風刺画を非難するために――「シャルリー・エブド」紙の複数の協力者を暗殺した者たちに対してではなく――、カディロフの命令で組織された数十万人規模の集会が開催された。チェチェンでは、カディロフが「悪魔」[37]と呼ぶ同性愛者たちが拉致され、拷問され、殺害されている。そしてそこには、ウクライナと戦い、「ナチ」を肥料に変えて民族浄化を実現するために[38]、ロシア各地からやってきた「志願兵」を訓練する特別な施設がある。

一〇年ほど前から、ロシアでは超保守的なレトリックが流行している。われわれは祖先の価値観を守り、ロシアに根ざした信者の服従の意識を尊重し、あらゆる社会的騒乱、無許可のデモを回避する。政治的な関与が感じられるNGOや人権擁護のNGOを「望ましくない」ものとして禁止し、それを「外国のエージェント」と認識する。インターネットの管理をますます強化する。ユーザーが中立的な内容を書き込んだとしても、フェイスブックやインスタグラムはすでに「過激派」として認定されている。生体認証パスポートの交付を停止することで海外旅行をより困難にする。愛国心と愛国教育を奨励する。性的少数者の権利を厳しく制限する。芸術分野を管理し、見世物、映画、コンサートを検閲する。検閲が公式に存在しなくても、ロスコムナゾールがどんな出版物、文化的イベントも禁止することができ、刑事訴訟を起こすことができる。

実際、数年前には、数人の議員やその他のエキサイトした政治家のイニシアティブのように思われていたものが、二〇二〇年にヴラジーミル・プーチン本人によって修正が提案された憲法の新たな草案で法典化された。最終的に第二読会の前に大量の修正をくわえたのも彼である。そこには保守主義のすべてのプログラムがある。プーチンはとくに、ロシア国民が国家を形成していること、ロシア語が国家の言語であること、結婚は男性と女性の結合であること、「子どもたちはロシア連邦の最も大切な財産である」ことを基本法に明記するよう提案した。回りくどい言葉で、世俗国家の憲法に神を持ち込んだのも彼である。「千年の歴史によって統合されたロシア連邦は、わたしたちに理想と神への信仰を伝えてくれた祖先の記憶と、ロシア国家の発展の継続性を守り、歴史的に確立された国家の統一を認めている」。彼の提案にもとづいて、ロシアは「祖国を守った人々の記憶をたたえ、歴史的真実を堅持する」と、憲法に明記された。「祖国防衛において人々の武勲の威光をおとしめることは許されない」[39]と書かれている。この憲法改正プロジェクトには年金のスライド制のような「アメ玉政策」が含まれており、市民がいっせいに賛否を投票する国民投票で採択された。そして憲法は、自由を侵害する新たな法的枠組みをあたえることになったのである。

保守主義は、プーチンだけでなく、彼の政権の他の唱道者たちによっても国家イデオロギーとして宣言された。プーチンは二〇二一年一〇月、ヴァルダイ国際討論クラブの会議で次のように述べた。「われわれは健全な保守主義のイデオロギーによって導かれることになるだろう。（中略）世界が構造的危機を経験しているときに、政治的基盤としての合理的な保守主義の重要性が高まっている」。そして、世界では進歩という概念そのものが変化したともつけくわえている。自分の保守的イデオロギーを支えるものとして、彼はニコライ・ベルジャーエフの言葉を引用した。「保守主義は、われわれが立ち上がって前進するのを妨げるものではなく、後退して無秩序状態におちいるのを防ぐものである[40]」(顧問たちが用意した引用文からの抜粋である可能性はあるとしても、プーチンはロシアの哲学者を好んで引用している[41])。

政権の擁護者たちは、ヴァルダイ国際討論クラブでのこの演説で、プーチンが国家のイデオロギーと戦略的方向性、さらには国家理念を表明したと考えている[42]。ところが、プーチンのベルジャーエフからの引用は、彼がロシアからの亡命者であるベルジャーエフの著書の全文を読んでいなかったことを示している。なぜなら、一九〇四年に初めて出版されたこの「ロシアの保守主義の運命」は、次のように結論づけられているからだ。「ロシアの保守主義は、〝守るべきものが何もない〟のだからあり得ない。スラヴ・ロマン主義は、われわれの歴史的過去には存在しなかった守られるべき理想的な成果を生み出した。その結果、われわれの保守主義は、いわゆる特定の文化を肯定するのではなく、文化の創造性を否定し、虚無主義的反応へと退化した。創造的な力は、虚無的な否定の力を破壊するために組織される[43]」

一世紀以上も前のこの言葉は、プーチンの非現実的な基盤にもとづいた保守的イデオロギーに見られる視野の欠如を完璧に要約している。そうした基盤として、歴史上最悪の虐殺者のひとりだったスターリンの賛美や、ヴォーシュト(指導者)がヨーロッパの半分を植民地化することを可能にした第二次世界大戦の勝利の称揚、またプーチンの見解ではウクライナ侵攻や、チェチェンやジョージアでおこなわれたような過去の「社会秩序の回復」を正当化することになるロシア帝国の覇権、女性の隷属や家庭内の残虐行為をふくめた伝統的な生活様式の推奨、さらには、教会当局の意に沿わない者すべてを禁止し破壊することを可能にした神への信仰などがあげられる。ロシア社会がそれを理解するまで、ロシアの歴史の悪循環はくりかえされるだろう。

ロシアはどこに向かうのか

ガリア・アッケルマン、ステファヌ・クルトワ

本書では、KGBとその後継者であるFSBの教義と実践にもとづいてヴラジーミル・プーチンおよび彼が築いた政権の特性について、さまざまな側面から考察している。考慮に入れておくべきことがひとつあるとすれば、それはこれまで見てきたように、ロシア大統領が情報機関の組織全体と同様に、ソ連の崩壊、そして共産主義体制の終焉が二〇世紀最大の地政学的惨事であると考えていたということだ。したがって、まず第一に、帝国を復活させ、旧ソ連の諸共和国が「兄」から自由になるのを阻止するということへの強迫観念があり、次に、ヴォーシュト（指導者）とエリート集団（KGB＝FSB）が交代することなく権力を握っているソ連型の統治システムを再構築したいという願望があった。このような強迫観念は、一八八五年にサンクトペテルブルクで生まれた精神科医ウジェーヌ・ミンコフスキーによって的確に定義されている。「妄想的観念の特徴的形態は、実は無傷のまま

残っている思考が廃墟の建物のさまざまな石の間に論理的な関係性を確立しようとする試みにほかならない」

結局プーチンは、三つの論理的妄想を中心とする空想上の構築物を再建することにとりつかれていたのだ。そのひとつは、ソ連の地政学的威光を復活させることをめざし、共産主義の歴史的敗北の絶対的否定を基盤とするものである。共産主義は一九八九年に冷戦で敗北を喫し、それにより一九九一年には、私有財産を拒否する不条理な体制、一九一七年一一月七日に始まった集団テロ政権が破綻し、史上初の全体主義政権が終焉を迎えた。数十年間にわたって「鉄のカーテン」の向こう側やソ連内に閉じ込められていた国々は、いずれもそこにもどることは望んでいなかった。プーチンは自分のプロジェクトを正当化するために、一九四五年にソ連がナチズムに勝利した威光を利用し、第二次世界大戦がヒトラーとスターリンの同盟によって始まったことを「忘れ」た。しかしスターリンはすでにポーランド（現在の西ウクライナをふくむ）、バルト三国、そしてルーマニアのベッサラビア（現在のモルドヴァ）の存在そのものを破壊していた。

プーチンは、ツァーリの帝国の威光の神話を中心にしつつ、超反動的な体制を基盤とする第二の妄想を構築した。それは、超国家主義者が掲げる地政学を根拠に、ロシアのような特定の国だけが真の主権をもち、その他の国にはディクタート（強国が小国に押しつける一方的命令。一九一八年に民族自決の原則が定められて以来時代遅れとなった概念）に従うことを強いる勢力圏という考えにもとづいている。この地政学はまた、ヨーロッパ人には拒絶されているユーラシアの拡張主義的ヴィジョンにももとづいており、またスラヴ人の統一を確固たるものにするとされる正教会——実際にはモスクワ総主教庁――の公式の神話にもとづいているが、この教会は一九二九年以降、NKVD＝KGBの手先にすぎなくなっている。

第三の妄想は、ロシアとウクライナの「兄弟」、「兄弟民族」統一という幻想によるものである。しかしウクライナ人は、ロシア人との古くからの関係にもかかわらず、ソ連時代にウクライナ人が自分たちの文化、民族共同体、国家を築き発展させようとするのを、ボリシェヴィキがあらゆる手段によって――一九三二年から一九三三年にかけてのホロドモールの虐殺的飢饉をふくめ――阻止しようとしてきたことについて、いくらでも指摘できる。そして一九九一年に、何世紀にもわたって熱望してきた独立を勝ち取った彼らは、しばしばツァーリに反抗してきた自由なコサック農民の伝統の中で、自由と法治国家の建設に強いこだわりをもっていることを示した。

ヴラジーミル・プーチンは三つの妄想の自己中毒に陥り、取り返しのつかない政治的過ちを犯した。指導者とその取巻きたち――一九九一年から一九九六年までの間と、権力を掌握した二〇〇〇年以降にサンクトペテルブルクで結成されたプーチングループ――は、ウクライナ国民の武装した大規模な抵抗も、欧州連合の団結した対応も、国連総会でのロシアへの大量の反対票も、ロシアがさらされることになる制裁の威力も、想像したことがなかった。同様に、ヒトラーは一九三九年九月の時点では、フランスとイギリスがポーランドのために戦争を始めるとは想像もしていなかったし、何十年間も高い代償を払ってきたドイツに破滅をもたらすアメリカの介入も想像していなかった。プーチンの民主主義に対する生来のイデオロギー的憎悪は、二一世紀を通してロシアのイメージと権力に高い出費を強いることになるだろう。マルセル・プルーストはこうしたことをよく理解していた。「事実という

ものは、わたしたちの確信が住まう世界にはいりこみはしない」(前出書)

運命的な二〇二二年二月二四日からの数日間で、ヴラジーミル・プーチンはすべての目標とは正反対のことを達成するという快挙をなしとげた。彼は数日間でキーウを占領し、数週間でウクライナ全土を掌握するつもりだったのだが、失敗した！　ウクライナ大統領ゼレンスキーは「道化師」であり、彼の政権はでくのぼう、「変質者」、「ナチ」の集まりだと示そうとしたが、失敗した！　ウクライナは国家として存在せず、ロシアとウクライナの「兄弟民族」は同じ「ロシア世界」に属していると主張したが、失敗した！　ロシアの天然ガスによって人質にとられている欧州連合は抵抗せず、分裂するだろうと考えていたが、失敗した！　西側諸国と同様に、NATOは「脳死」状態にあるとみなしていたが、失敗した！　何としてもアメリカをヨーロッパから引き離したかったが、失敗した！

世界的大国がなぜいまだにこのような無能で傲慢で誇大妄想の指導者によって率いられているのだろう。たしかに、一五六〇年からはイヴァーン四世雷帝によって農民が隷属状態に置かれ、一八二五年からはニコライ一世による「デカブリスト」弾圧があり、一九一七年一一月七日のボリシェヴィキのクーデター後、ロシアにまた不幸がおとずれたのは明らかであり、ロシア人や近隣諸国、そして全世界に大きな災厄をもたらすことになったのである。ロシアはたしかに破滅へとつきすすんでいる。

クレムリンとその外交団が二〇年前から張っていた煙幕の背後で、ウクライナに対して始めた戦争は、元KGB工作員とその政権の本性を明らかにした。二〇〇八年から二〇一二年までプーチンの代役として政権のトップを務めた「リベラルな」ドミトリー・メドヴェージェフでさえ、自分が大量虐殺者であることを示した。二〇二二年六月七日、彼はウクライナ人についてこう述べた。「彼らはろくでなしで堕落した人間だ。彼らはわれわれの死を、ロシアの死を望んでいる。生きているかぎり、わたしは彼らを消すためにできることを何でもするだろう」[1]。パラノイア、ウンターメンシュ（劣等人種）のテーマ、絶滅の意志…まさにゲッベルスの言葉だ！　しかもメドヴェージェフは二月末に、ウクライナに対する戦争が「死刑など、国内の一部の重要な制度を復活させるよい機会」だと喜んでいた。レーニンも一九一八年二月二一日に、一九一七年二月の民主革命によって廃止された死刑を復活させることを決定している。歴史はくりかえされる。

メドヴェージェフにならって、超国家主義の作家で下院議員のザハール・プリレーピンは、二〇二二年八月三日、ロシア議会内に、文化分野における反ロシア活動調査グループ、「GRAD」[2]（頭文字を連ねた略語が、ウクライナに向けて毎日数千発の砲弾を発射する多連装ロケット砲グラートと同じになる）を創設した。GRADの目的は、「反ロシアエージェントとその共犯者」に対する密告を呼びかけて「文化空間を清浄化」することだ。こうした「エージェント」のうち一五〇人のリストがすでに作成され、対象とされた人々がそこから抜け出すには「特別軍事作戦」、つまりウクライナ侵攻への「支持を公式に表明」するだけでよい。要するに、ソ連時代に逆戻りしたのだ！　フランス革命期の恐怖政治が示したように、単一の義務的イデオロギーにもとづく独裁政権では、一歩先んじることによってのみ、権力闘争において形だけの正当性を確保することができる。そうした政権は、宣言においても行為においても、他の政権より超国家主義的で大量虐殺をおこなう政権となる。

しかし、モスクワでの権力をめぐる争いは、フランス革命期の公安委員会のもとでの争いのように、ギロチン——今は爆弾を仕掛けた車が使われる——で紛争にけりをつけるほど激しかったのだろうか。政権の最も過激なイデオローグであるアレクサンドル・ドゥーギンは、二〇二二年八月二一日につらい経験をした。父親が乗る予定だった車の爆発で彼の娘が亡くなったのだ…

一九五〇年、スターリンは北朝鮮の共産主義者、金日成に韓国侵略のゴーサインを出した。第三次世界大戦の勃発はかろうじて避けることができたが、極東の国際関係は今日にいたるまで損なわれている。プーチンはウクライナ侵攻によって、有名な先人の足跡をたどり、核による第三次世界大戦の脅威をちらつかせることもためらわない。それは当然「最終戦争」となるだろう！

本書を執筆している時点で、クレムリンの当主はすでにイランのドローンや北朝鮮の砲弾に頼らざるを得なくなっており、刑務所の囚人[3]やホームレス[4]を栄光あるロシア軍の一員として招き入れ、さらに部分的動員を宣言しているが、それは情勢の悪化を感じているからだ。しかしプーチンは敗北を認めることができない。なぜなら彼は自分の権力、巨万の富、そしておそらく生命さえ失うおそれがあるからだ。そのためひたすら前につきすすみ、ウクライナの四州で見せかけの住民投票を実施してロシアへの併合を宣言し、核の脅威をふりかざした。彼はそれを国家社会主義に最も近い一派との同意にもとづいておこなっているのだろうか、それとも自分が排除される可能性を恐れてのことだろうか。

その場合、西側諸国はいっそう注意しなければならない。なぜなら、ポスト・プーチン政権は、二〇〇八年から二〇一二年にかけてのメドヴェージェフ政権がそうだったように、「デタント（緊張緩和）」の仮面をかぶる可能性があるからだ。そして制裁を解除させる目的でわずかに譲歩して、力をたくわえ、反撃を開始するかもしれない。ロシアが信用を得るためには、クリミアをふくめたウクライナ領土を残らず解放し、ウクライナのNATOと欧州連合への加盟を認めるべきである。あらゆる破壊と民間人の死亡に対する賠償金をウクライナに支払い、強制移送された子どもをふくむ市民全員を帰国させ、欧州主要国やアメリカによって安全と国境不可侵を保証するウクライナとの平和条約に署名・批准するべきである。侵略者はきびしく罰せられなければならないし、ふたたび侵略することがあってはならない。戦争開始から六か月たっても七〇パーセントが依然として戦争を支持していたロシア人の良心をめざめさせることができるのは、こうした懲罰だけだ。国民の改悛と犯罪者（政府、軍、宣伝者など）への厳しい処罰をふくむこうした条件が実行されないかぎり、ロシアと戦争前の状態にもどることなど論外だ。ソヴィエト体制やKGB＝FSBによる権力支配を終わらせる用意のある新たな勢力だけが、ロシアとその国民を血なまぐさい過去の妄想から救い出すだろう。

原注

第１部　予告された独裁の年代記

第１章　ヴラジーミル・プーチン、ホモ・ソヴィエティクス

1　祖父のスピリドンは、農民から料理人になった。ゴーリキで他の料理人たちにまじってレーニン一家のために働いていたが、スターリンにつかえたことは一度もない。

2　このことは、三人のロシア人ジャーナリストとの対談書の中で語られている。*Première personne*, Paris, So Lonely, 2016. ロシアでは、この自己宣伝の本は二〇〇〇年に出版された。（『プーチン、自らを語る』［高橋則明訳。扶桑社。二〇〇〇年］）

3　Les fantômes de Vladimir Poutine (veridik.fr)<https://veridik.fr/2022/03/01/les-fantomes-de-vladimir-poutine/>. 一九八〇年代の著名なクレムリン専門家は、プーチンをユーリ・アンドロポフの養子同然として紹介してさえいる。（Alexandre Adler, interview à la RTBF, 3 mars 2022）.

4　ソ連とロシアのスパイだったセルゲイ・ジルノフによれば、プーチンはＫＧＢのスパイ養成機関であるＫＧＢ赤旗大学に入学するには不適格であると宣告されていたという。Sergueï Jirnov, « À l'Institut Andropov, on avait déclaré Vladimir Poutine inapte » (lefigaro.fr)を参照。

5　この問題については、Stéphane Courtois, « Poutine, kompromat et chantage sexuel », *Desk Russie*, n°18, mars 2022を参照のこと。

6　ハンガリーでは一九八八年末に最初に動乱が起きていた。

7　とくに、Evguenia Albats, *La Bombe à retardement. Enquête sur la survie du KGB*, Paris, Plon,

1995を参照。

8 Чем клянутся воры в законе | Media news (maxpark.com).

9 Nicolas Werth, in Stéphane Courtois, Nicolas Werth et alii, *Le Livre noir du communisme*, Paris, Robert Laffont, 1997, p. 79.（『共産主義黒書〈ソ連篇〉』［外川継男訳。恵雅堂出版。二〇〇一年。筑摩書房。二〇一六年］）より引用。

10 Vladimir Boukovski, *Jugement à Moscou : un dissident dans les archives du Kremlin*, Paris, Robert Laffont, 1995.

11 Alexander Litvinenko, *LPG : Loubianskaia prestoupnaia grouppirovka : offitser FSB daiot pokazaniia*, Moscou, Grani, 2002.

12 « Who Was Who? The Key Players In Russia's Dramatic October 1993 Showdown » (turbopages.org).

13 Первая чеченская война – frwiki.wiki.

14 Россия (банк) – Википедия (wikipedia.org).

15 « All Putin's Men: Secret Records Reveal Money Network Tied to Russian Leader – ICIJ » (turbopages.org).サンクトペテルブルクでのプーチンの不正な蓄財については、Темное Прошлое Путина (livejournal.com)も参照のこと。

16 ユーリ・スクラトフの経歴については、Последний независимый прокурор России (politforums.net)に説明がある。

17 この爆発テロへのロシア秘密情報機関の関与については、David Satter, The Less You Know, *The Better You Sleep : Russia's Road to Terror and Dictatorship under Yeltsin and Putin*, New Haven,

Yale U niversity Press, 2016を参照のこと。

18 第二次チェチェン紛争についての最もすぐれた資料は、二〇〇六年にモスクワで殺害されたロシア人ジャーナリスト、アンナ・ポリトコフスカヤの著書であり、たとえば *Tchétchénie, le déshonneur de la Russie*, Paris, BuchetChastel, 2003などがある。

19 この選挙についての概要は、Выборы в Государственную думу 1999 года. Как это было – Vatnikstanを参照。

20 « Le système Poutine » (correctiv.org).

21 ガリア・アッケルマンによるアレクサンドル・ドゥーギンへのインタビュー、« L'idéologue de Poutine », *Politique internationale*, n° 144, été 2014.

第2章　KGBがふたたび権力の座につく

1 Операция « внедрение » завершена ! Отдельный разговор (novayagazeta.ru).

2 *Catherine Belton, Les Hommes de Poutine. Comment le KGB s'est emparé de la Russie avant de s'attaquer à l'Ouest*, Paris, Talent Éditions, 2022（『プーチン――ロシアを乗っ取ったKGBたち（上・下）』［藤井清美訳。日本経済新聞出版。二〇二二年］）、とくに第六章を参照のこと。

3 Крыштановская у Альбац : tapirr – LiveJournal.

4 « Реформирование администрации президента Российской Федерации », – публикации « Коммерсанта » и комментарий Олега Гордиевского (svoboda.org).

5 Полномочный представитель президента Российской Федерации в федеральном округе – Википедия (wikipedia.org).

6　NTVについては、Разгром НТВ : мрачный юбилей (svoboda.org) ; pour ORT, Волошин рассказал, как Путин лишил Березовского « любимой игрушки » – ОРТ – TOPNews. RUを参照。

7　被害者の会は、観客の犠牲者は一七四人であるとしている。Теракт на Дубровке – Википедия (wikipedia.org).

8　特殊部隊は、解毒薬を用意せずに麻痺作用をもつ未知のガスを使用した。そのため多くの死者が出た。NEWSru.com : Газ, примененный на Дубровке, засекретили. Депутатам в информации отказали.

9　Françoise Thom, *Comprendre le poutinisme*, Paris, Desclée de Brouwer, 2018, p. 79.

10　*Id.*, p. 78.

11　Mikhaïl Khodorkovski et Natalia Gevorkyan, *Le Prisonnier de Poutine*, Paris, Denoël, 2012.

12　Catherine Belton, *Les Hommes de Poutine*…, *op. cit.*, ch. 7 : « Opération Énergie ».をとくに参照（前掲書。第七章）。

13　« Le Poutineland », *Desk Russie* (desk-russie.eu).

14　清廉との評判があったアブラモフは、チェチェンの財務大臣、首相、そして大統領代行を歴任したが、四年間（二〇〇一年から二〇〇五年まで）で一度のテロと、おそらく計画的な二度の交通事故の被害者となった。Абрамов, Сергей Борисович – Википедия (wikipedia.org).

15　*Cf.* Anna Politkovskaïa, « Poisoned by Putin », *The Guardian*, 9 septembre 2004. 犠牲者の親族数百人が、純然たる虐殺を引き起こしたロシア特殊部隊の突入者による無差別的な武力行使について、欧州人権裁判所で勝訴した。*cf.* Решение ЕСПЧ о взыскании компенсации в пользу жертв теракта на Дубровке вступило в силу – Международная Юридическая фирма « Трунов, Айвар и партнеры » (trunov.com).

16　Françoise Thom, *Comprendre le poutinisme*, *op. cit.*, p. 137.

17 « Polémiques et manifestations contre la visite de Vladimir Poutine » (lemonde.fr).

18 前章を参照。

19 二〇一四年に創設された民間軍事会社で、おそらくプーチンに近いオリガルヒによって維持され、ロシア参謀部によって管理されている。シリア、ドンバス、アフリカなどの戦闘に積極的に参加してきた。ワグネルのメンバーは、その残虐性で知られている。Groupe Wagner – Wikipédia (wikipedia.org).

20 記章をつけていないロシア部隊が、二〇一四年にクリミアを軍事的に占領した。

21 Victor Zaslavsky, *Le Massacre de Katyn. Crime et mensonge*, Monaco, Éditions du Rocher, 2003.（『カチンの森——ポーランド指導階級の抹殺』［根岸隆夫訳。みすず書房。二〇一〇年。改訂版二〇二二年］）を参照。

22 *L'Express*, 4-11 septembre 1972, p. 66-73.

23 Обращение Президента России Владимира Путина • Президент России (kremlin.ru). cité par Françoise Thom, *Comprendre le poutinisme*, *op. cit.*, p. 86.

24 Администрация президента назвала главных врагов России, 30 сентября 2004 – аналитический портал полит.ру (polit.ru).

25 Stéphane Courtois, *Lénine, l'inventeur du totalitarisme*, Paris, Perrin, 2017を参照。

26 « L'empoisonnement de Viktor Iouchtchenko raconté par son médecin » (lemonde.fr).

27 二〇〇〇年に設立され、攻撃的すぎて統制がとれていないとされた同様の青年組織「ともに歩む人々」は、ナーシに吸収された。*Cf.* Идущие вместе – Википедия (wikipedia.org).

28 Послание Федеральному Собранию Российской Федерации • Президент России (kremlin.ru).

29 ベルトランスガスは二〇一一年にガスプロムの完全子会社になった。*Cf.* История « Белтрансгаза » : как Лукашенко продал России « ржавую трубу » – Салідарнасць (gazetaby.com).

30　アンナ・ポリトコフスカヤがたどった道のりについては、マリーナ・ゴルドフスカヤ監督の傑出した映画、Marina Goldovskaïa, *Goût amer de la liberté*, sous-titré en français (https:// www.youtube.com/watch?v=loAemX4OUFU)を参照のこと。*Hommage à Anna Politkovskaïa* (collectif), Paris, Buchet-Chastel, 2007も参照。

31　Jens Høvsgaard, *Gier, Gas und Geld. Wie Deutschland mit Nordstream Europas Zukunft riskiert*, Munich, Europa Verlag, GmbH, 2019.

32　Françoise Thom, *Comprendre le poutinisme*, *op. cit.*, p. 95.

33　Реформа Вооружённых сил России（2008–2020）– Википедия (wikipedia.org).

34　たとえば二〇一一年から二〇一六年までの間に、軍産複合体の支出割合は、国家予算の14・1パーセントから23・8パーセントに増加した。*Cf.* Денег нет ? Деньги есть ! – Андрей Илларионов – LiveJournal.

35　Выступление Владимира Путина на митинге в Лужниках – РИА Новости, 23.02.2012 (ria.ru), cité par Françoise Thom, *Comprendre le poutinisme*, *op. cit.*, p. 104.

第3章　ヴラジーミル・プーチンの積極的な過去への逃避

1　Françoise Thom, *Comprendre*…, *op. cit.*, p. 104.

2　NEWSru.com :: Госдума за пять минут расширила уголовную статью о госизмене. Противники: это « дамоклов меч » для граждан.

3　Пять лет приговору Pussy Riot : что он изменил в России – BBC News Русская служба.

4　Патриарх Кирилл сообщил о развитии церковно-государственного диалога в странах ближнего зарубежья / Православие. Ru (pravoslavie. ru).

5 « Puy du Fou. Dieu et extrême droite… Le monde de l'oligarque russe Konstantin Malofeïev » (france24.com).

6 Послание Президента Российской Федерации от 12.12.2012 г. б/н •Президент России (kremlin.ru).

7 Françoise Thom, *Comprendre…*, *op. cit.*, p. 107.

8 *Idem*, p. 111.

9 Канал Кернеса КП « Харьковские известия » работает на российских агрессоров, – журналисты • Портал Антикор (antikor.com. ua).

10 БалтИнфо.ru – Новости Санкт-Петербурга. Лента новостей России, стран Балтии, мировые новости (baltinfo.ru).

11 Заседание международного дискуссионного клуба « Валдай » • Президент России (kremlin.ru).

12 Статья Владимира Путина « Об историческом единстве русских и украинцев » • Президент России (kremlin.ru). 在フランスロシア連邦大使館のウェブサイトDe l'unité historique des Russes et des Ukrainiens [archive] より。

13 Как президент Янукович убегал с Украины. – Компромат.Ру / Compromat. Ru ; Бегство Януковича, как это было : Рассказывает начальник охраны экс-президента – Счастье – это когда тебя понимают и поддерживают – ЖЖ (livejournal.com).

14 クリミア・タタール人は、一九四四年にスターリンによって中央アジアに強制移住させられた。生存者と子孫たちは、クリミアが独立国家ウクライナの一部となった一九九一年以降にようやく帰還できた。

15 「二〇一四年のロシアによるクリミアの併合」Annexion de la Crimée par la Russie en 2014 –

Wikipédia (wikipedia.org). 八年後、ベネズエラ、ニカラグア、シリア、アフガニスタン、北朝鮮、スーダン、キューバのみが、クリミアのロシアへの帰属を公式に認めた。Страны мира, признавшие Крым частью России. Инфографика | АиФ Крым (aif.ru).

16 Вынужденные переселенцы на Украине (с 2014 года) -Википедия (wikipedia.org).

17 « Odessa, un an après le drame du 2 mai » (lemonde.fr).

18 20 лет Путина : трансформация силовиков – Ведомости (vedomosti.ru).

19 Le procès Oulioukaïev et les luttes de clans – Bonjour l'Europe (rfi.fr).

20 « Les poupées russes de la propagande de Poutine en France », Slate.fr.

21 Natalia Narotchnitskaïa, *Que reste-t-il de notre victoire ? RussieOccident : le malentendu*, préface et postface de François-Xavier Coquin et de Jacques Sapir, Paris, Éditions des Syrtes, 2008.

22 Michel Foucher, *Ukraine-Russie. La carte mentale du duel*, Paris, Gallimard, 2022より引用。

23 Доклад Милова-Немцова : Олимпийский план Путина – грандиозная воровская афера и непоправимый удар по окружающей среде. – Компромат.Ру (compromat.ru).

24 *Le Rapport Nemtsov. Poutine et la guerre*, Paris/Arles, Solin/Actes Sud, 2016.

25 Катастрофа Boeing 777 в Донецкой области – Википедия (wikipedia.org).

26 Полный текст доклада Бориса Немцова о войне в Украине (socdep.ru).

27 « L'Église orthodoxe noue une "Sainte-alliance" avec le Kremlin », La Libre.

28 Роскошь без декларации : какое имущество прячет от паствы патриарх Кирилл » Компромат ГРУПП (compromat.group).

29 Galia Ackerman, *Le Régiment immortel. La guerre sacrée de Poutine*, Paris, Premier Parallèle, 2019

を参照。

30 Выборы мэра Москвы (2013) – Википедия (wikipedia.org).

31 « Pourquoi Moscou avait tout intérêt à empoisonner son ex-espion… et à ce que ça se sache » (nouvelobs.com).

32 « Un palais pour Poutine » : la version française – YouTube.

33 Суд отправил Алексея Навального в колонию. Итоги акций протеста 2 февраля | ОВД-Инфо (ovdinfo.org).

34 Алексея Навального приговорили к девяти годам колонии : Следствие и суд : Силовые структуры : Lenta.ru.

35 Все как-то разом навальнилось Судьбы людей, работавших в штабах Навального* : что они делают после разгрома оппозиции (novayagazeta.ru).

36 二〇二一年八月で中断された不完全なリストを参照のこと。 Что произошло с российскими медиа и НКО за 2021 год (ничего хорошего) (the-village.ru).

37 Верховный суд ликвидировал международный « Мемориал » – РБК (rbc.ru).

38 О нашей ликвидации | Правозащитный центр « Мемориал » (memohrc.org).

39 « La liquidation de Memorial : pourquoi maintenant ? », *Desk Russie* (desk-russie.eu).

40 « Que signifie l'ultimatum russe aux Occidentaux ? », *Desk Russie* (desk-russie.eu).

41 Sergueï Medvedev, *Les Quatre Guerres de Poutine, Paris*, BuchetChastel, 2022.

42 Статья Владимира Путина « Об историческом единстве русских и украинцев » • Президент России (kremlin.ru).

43 Gerhard Schröder – Wikipédia (wikipedia.org).
44 « Intervention du Président Poutine », *Revue politique et parlementaire*.
45 Alexandre Soljenitsyne. *Comment réaménager notre Russie*, Paris, Fayard, 1990.（『甦れ、わがロシアよ——私なりの改革への提言』［木村浩訳。日本放送出版協会。一九九〇年］）

第5章 ホモ・ポスト＝ソヴィエティクス——プーチンのもとでの魂のエンジニアリング

1 ソヴィエト連邦人民委員会議にあてた、一九三四年一二月二一日付けのアカデミー会員I・P・パヴロフの手紙。
2 https://www.kasparov.ru/material.php?id=629A750786C88.
3 https://rummuseum.ru/portal/node/2553.
4 https://en.wikipedia.org/wiki/Vladimir_Zhirinovsky.
5 https://www.vice.com/en/article/xd5q47/the-best-of-vladimirzhirinovsky-russias-craziest-politician.
6 *Ekho Moskvy*, 15 octobre 2014.
7 Irina Koulikova, *Fenomen Jirinovskogo*, Moscou, Kontrolling, 1992を参照。
8 https://www.rulit.me/books/poslednij-vagon-na-sever-read-449603-1.html.
9 http://anton-shekhovtsov.blogspot.com/2014/10/vladimirzhirinovskys-contacts-with.html.
10 https://www.courrierinternational.com/article/2006/01/19/delicat.
11 https://www.washingtonpost.com/news/morning-mix/wp/2014/04/21/russian-politician-orders-aide-to-violently-rape-pregnantjournalist-on-live-tv/.
12 https://www.lefigaro.fr/international/2007/09/17/01003-20070917ARTFIG90360-le_nouveau_

pied_de_nez_de_lougovoi_aux_britanniques. php.

13 https://www.courrierinternational.com/article/2013/12/04/nostalgique.

14 https://ria.ru/20210823/ukraina-1746911493.html.

15 Christian Neef, « Fortress of Nationalism: Russia is Losing its Political Morals », Der Spiegel, 31 mars 2015. https://www.spiegel.de/ international/world/russia-recedes-into-nationalism-and-political-immorality-a-1026259.html.

16 https://www.britannica.com/biography/Vladimir-Zhirinovsky.

17 https://www.interpretermag.com/russia-this-week-roots-of-prorussian-separatists-in-russian-ultranationalist-groups/.

18 https://news.obozrevatel.com/politics/58403-vrag-nomer-odin-zhirinovskij-predlozhil-szhech-turtsiyu-yadernyim-pozharom.htm.

19 https://www.reuters.com/article/us-usa-election-russian-trumpidUSKCN12C28Q.

20 http://rusnovosti.ru/posts/410932. Interview du 3 mars 2016.

21 https://www.newsweek.com/brussels-attacks-russian-nationalist-leader-says-attacks-are-good-russia-439891.

22 ttps://www.kasparov.ru/material.php?id=62B6104437935E.

23 http://news.bbc.co.uk/2/hi/programmes/hardtalk/7252639.stm.

24 https://www.fontanka.ru/2022/02/20/70457303/.

25 https://www.unian.net/russianworld/lavrov-v-razgovore-s-zapadompereshel-na-fenyu-pacan-skazal-pacan-sdelal-novosti-rossii-11709259.html.

26 https://www.letemps.ch/opinions/une-guerre-totale-europe-helasnest-une-idee-folle.
27 https://www.kasparov.ru/material.php?id=625DC7B425FDE.
28 https://www.kasparov.ru/material.php?id=62331E0E31D99.
29 https://svpressa.ru/economy/article/329665/.
30 https://www.kasparov.ru/material.php?id=62C84EE45FEC3.
31 https://life.ru/p/1309713.
32 ps://www.themoscowtimes.com/2016/12/09/russias-foreign-ministerruns-his-potty-mouth-once-again-a56495.
33 https://m.lenta.ru/news/2021/10/13/putinjoke/.
34 https://www.kasparov.ru/material.php?id=62B4A1C8D4A3A.
35 https://vz.ru/opinions/2022/3/31/1151338.html.
36 Jean Orieux, *Catherine de Médicis*, Paris, France Loisirs, 1987, p. 545.（『カトリーヌ・ド・メディシス——ルネサンスと宗教戦争（上・下）』［田中梓訳。河出書房新社。一九九〇年］）より引用。

第6章　プーチンのスラング——「生活規範」のマーカー

1 スラングを同等の暗示的意味に翻訳するのは困難なので、いくつかの例外を除いてロシア語の言語を参照することにしている。この点についてはおもに以下の参考文献をよりどころとしている。
M. T. Diatchok, *Polititcheskaïa lingvistika*, vyp. 2 (22), Ekaterinbourg, 2007.
Mikhaïl Diomin, *Blatnoï*, Novosibirsk, 1994. Première édition abrégée en russe en 1978 dans la *revue Vremia i my* à New York, nombreuses traductions.

Aleksandr Soljenitsyn, Arkhipelag Goulag, in Sobranie sotchineniï, Vermont-Paris, 1980, t. 6, glava 13, Sotsialno-blizkie.（『収容所群島——1918-1956文学的考察』［木村浩訳。新潮社。一九七四—一九七七年］）

Françoise Thom, Comprendre le poutinisme, Desclée de Brouwer, Paris, 2018. (chapitre : « L'empreinte de la zone »).

Sources Web : Blatnoï jargon : https://fsin-pismo-gid.ru/blatnoj-zhargon?ysclid=l5azmuyj5s936404772.

« Iazyk Poutina » kak predmet izoutcheniia dlia lingvistov, 26 août 2017 : https://ru.krymr.com/a/28698494.html.

Kar rossiïskaïa propaganda ispol'zouet moujskie strasti, kolonka psikhologa Stanislava Khotskogo 26 mai 2022.

https://verstka.media/strahi-muzchin/.

Mikhalkov protiv mata v kino, 28 juin 2014 : https://www.rbc. ru/society/28/06/2014/57041ec49a794760d3d3fa42?ysclid=l4o8l842up716468982.

Potchemou fil'm Brat noujno ostavit' v prochlom ? Elizaveta Fandorina, 02/04/2017 :

https://zen.yandex.ru/media/artforintrovert/pochemu-film-brat-nujno-os-tavit-v-proshlom-61fd415091c63d4d1c90a026.

Pole brani : naoutchnoe osmyslenie fenomena rousskogo mata : https://theoryandpractice.ru/posts/12078-russkiy- mat?ysclid=l5az45ulm9578682619.

Poutin : 15 let gop-stopa, 27 mars 2017 : https://right-dexter.com/index.php/ analytika/rossiya/putin-15-let-gop-stopa/?ysclid=l5b3906fm1599795909#. YsblGoTP2M8.

Victor Erofeev o mate v rousskom iazyke, 27 juillet 2004 : https:// www.pravda.ru/news/culture/24402-viktor_erofeev_pisatel_priroda_russkogo_mata/.

（ウェブサイトについてはいずれも二〇二二年七月七日参照）

2 Paris, Robert Laffont, 1975.

第2部 不安定化と侵攻の政策

第7章 プーチン支配下のチェチェン

1 このテキストはソフィー・シハブのご厚意によりロシア語から翻訳された。

2 イスラム世界の他の地域と同様に、カフカスのイスラム教徒の間でアダトは、シャリーアには示されていないが伝統的に確立されている現地の国内的、法律的な一連の制度や規範である。

3 Alexandre Bennigsen et Chantal Lemercier-Quelquejay, *Le Soufi et le Commissaire. Les confréries musulmanes en URSS*, Paris, Seuil, 1986.

4 www.consultant.ru/cons/cgi/online.cgi?req=doc&base=ESU&n= 17#VwBovATQjPd2fmdM.

5 « Martial Law Remains in Force in the Chechen Republic », *Kommersant*, 18 novembre 1991.

6 Vladimir Kara-Mourza, https://www.svoboda.org/a/1913853.html.

7 下院議員セルゲイ・ユシェンコフは、ロシアによるチェチェンへの軍事介入を徹底的に批判した。彼は二〇〇三年に殺害された。転向者であるアレクサンドル・リトヴィネンコは、二〇〇二年にモスクワ（ドゥブロフカ）の劇場でチェチェン人テロリストが観客を人質にとってたてこもり、一七四人の人質が死亡するという結果に終わった事件に、FSBが関与した証拠を彼に渡したと述べている。この証拠が暴露されるのを阻止するために、ユシェンコフが殺害されたといわれている。*Cf.* Юшенков, Сергей

Николаевич – Википедия (wikipedia.org) ; Литвиненко : Юшенкова убили за расследование теракта в « Норд-Осте » : Россия : Lenta.ru.

8　ソ連軍人、次いで独立したチェチェンの参謀長だったマスハドフは一九九七年に大統領に選出された。穏健な独立派とみなされ、政権内ではワッハーブ派と共存していた。第二次チェチェン紛争の初めから、ロシア軍に対するレジスタンス活動を支持したが、民間人に対する攻撃は断固として非難した。二〇〇〇年にグロズヌイがロシア軍に占領されてからはゲリラの指導者となり、二〇〇五年に暗殺された。Aslan Maskhadov – Wikipédia (wikipedia.org).

9　Adrian Florea. « De Facto States in International Politics (1945–2011): A New Data Set », *International Interactions*. 40(5). p. 788-811. Pour accéder à la lecture, *cf.* « De Facto States in International Politics (1945–2011) : A New Data Set » (researchgate.net).

10　ロシアでは、彼らは傭兵と呼ばれていたが、自発的にやってきたのである。財源のないチェチェン人に費用を出していたのは彼らであり、その逆ではなかった。

11　プーチンは、最初の大統領選挙の直前に三人のロシア人ジャーナリストに応じた長いインタビューの中で、とくにそのことを説明している。Vladimir *Poutine, Première persome, op. cit.* を参照のこと。そこでは、ウクライナ侵攻を正当化するために用いたのと同じ論拠が用いられている。

12　Ilyas Akhmadov et Miriam Lanskoy. *The Chechen Struggle: Independance Won and Lost*, Londres, Palgrave Macmillan, 2010.

13　« Un mufti à la tête de la Tchétchénie » – *Libération* (liberation.fr).

14　Семейный метод Кадырова (azattyq.org) ; Как в Чечне всем миром выселяют родственников террористов – Рамблер/новости (rambler.ru).

15 « "We Have Only One Enemy – This Is Russia": The Chechens Taking Up Arms for Ukraine » (oc-media.org ; Командир чеченских добровольцев рассказал о позоре Кадырова на Украине | Мустафа (maxpark.com).

16 « Животная сущность ». Правда ли кадыровцы – самые жестокие подразделения на войне в Украине ? (kavkazr.com) ; На войну в Украину из Чечни отправили уголовников (kavkazr.com).

第8章　プーチンとジョージア——主権の否定

1 英語圏の用語「political warfare」の翻訳である。

2 https://www.echr.coe.int/Documents/HUDOC_38263_08_Annexes_ENG.pdf.

3 Gazeta.ru du 6 juillet 2006.

4 *Qvakutkhedi* (« Pierre angulaire »), n°8, 27 septembre 2008.

5 *Tabula*, juillet 2016に掲載された総主教イリア二世のインタビュー。

6 NATOに加盟するという目標は最初にシェワルナゼによって表明された。まず一九九八年のインタビューで(「われわれはNATOの扉をたたくだろう」)、次いで二〇〇二年一一月、プラハでの欧州・大西洋パートナーシップ首脳会談で公式に表明された。

7 一九九六年から二〇〇〇年まで、事実上独立したチェチェンの指導者とチェチェン独立派がこのように呼ばれた。

8 このテーマは、東ドイツに駐在していた元KGB将校プーチンにとってとくに重要だった。

9 le *Wall Street Journal* du 29 novembre 2008に掲載されたプーチンの閣僚への演説。

10 個人的対談。

11 « Why Lavrov calls Georgia "an anomaly" in the postsoviet space », Jamestown Foundation. https://jamestown.org/why-doeslavrov-call-georgia-an-anomaly-in-the-post-soviet-space/ より引用。

12 経済学者ラリサ・ブラコヴァ（Larisa Bourakova）の著書『ジョージアはなぜ成功したのか Pourquoi la Géorgie a réussi』（ロシア語）はロシアのリベラル派の間でベストセラーになった。

13 *Le Nouvel Observateur* citant le conseiller diplomatique à l'Élysée, Jean-David Levitte. による。

14 二〇〇九年三月六日、ジュネーヴでのヒラリー・クリントンとセルゲイ・ラブロフの会談が、「リセット政策」が開始された公式の日付とみなされている。

15 https://www.reuters.com/article/us-nuclear-summit-obama-medvedev-idUSBRE82P0JI20120326.

16 これはとくに二〇一〇年から二〇一二年にかけて交渉された欧州連合とジョージアの連合協定の文書のケースである。欧州連合は、ジョージアにおけるロシア軍の違法駐留を占領軍と呼ぶことを一貫して拒否した。

第9章　意識の軍事化、戦争への準備

1 *Cf.* Реформа Вооружённых сил России (2008–2020) – Википедия (wikipedia.org) ; « Armée russe, le temps de la réforme », entretien de Pavel Felgengauer avec Galia Ackerman, *Politique internationale*, n° 126, hiver 2010.

2 « Un docteur Folamour au Kremlin ? », desk-russie.eu.

3 タラキーはハフィーズッラー・アミーンの命令によって殺害され、アミーンはＫＧＢによって殺害された。ＫＧＢはバブラク・カールマルを権力の座に据えたが、カールマルはゴルバチョフの命令で解任された。*Cf.* Afghanistan. des Soviétiques aux talibans (radiofrance.fr).

4　フランス語版による。chez Christian Bourgois, Paris, 1990.

5　軍事歴史協会とその活動については、Galia Ackerman, *Le Régiment immortel*, *op. cit.* ; Российское военно-историческое общество (histrf.ru) を参照。

6　« En Russie, l'historien du goulag Iouri Dmitriev condamné à quinze ans de prison » (lemonde.fr).

7　Следы преступления. Что раскопало в Сандармохе ВоенноИсторическое общество (urokiistorii.ru).

8　Шойгу : основная задача « Юнармии » – воспитать патриотов РФ, а не военных – ТАСС (tass.ru).

9　Гимн Юнармии, текст песни « служить России », скачать | Стиль Юнармия (xn--80aqlcq5fm. xn--p1ai).

10　彼はそれについて何度も語っていた。*cf.* Путин заявил о военной угрозе для Крыма в случае вступления Украины в НАТО | Новости мира | Известия | 01.02.2022 (iz.ru).

11　ЛиС Раскраска с наклейками А4 Военная техника РН-781 – купить в интернет-магазине Ozon с быстрой доставкой.

12　Армейский спецназ. Раскраска для мальчиков | Екатерина Рыданская | Купить книгу онлайн (ruslania.com).

13　何百というオンライン販売サイトの中から1例をあげる。Костюм Бока Военная форма Солдат – купить по выгодной цене на Яндекс Маркете (yandex.ru).

14　Военная вечеринка для детей : аты-баты, все в солдаты ! | Fiestino.ru.

15　Главный храм Вооружённых сил Российской Федерации – Википедия (wikipedia.org).

16　この事象の詳細な分析については、Galia Ackerman, *Le Régiment immortel*…, *op.cit.* を参照。

17　Взгляд / Сенатор : Рекорд числа участников « Бессмертного полка » показал единство нашего общества ::

Новости дня (vz.ru).

18 Александр Проханов – о том, как потрясает сознание мистерия, имя которой – Бессмертный полк (livejournal.com).

19 « Mettre le feu à cette maison », Desk Russie (desk-russie.eu).

20 Дядя Вова/Uncle Vova (English subtitles) – YouTube.

第10章　プーチン、「ハイブリッド戦争」と西側諸国の動揺

1 Nicolas Tenzer, « La guerre de l'information russe : pour une réponse globale », *The Conversation*, 24 juin 2016をとくに参照のこと。

2 Anna Politkovskaïa, *Tchétchénie le déshonneur russe*, préface d'André Glucksman, Paris, Buchet-Chastel, 2003.

3 Luke Harding, « Russia Committed Human Rights Violation in Georgia War, ECHR Rules », *The Guardian*, 21 janvier 2021.

4 批判的分析のため Marco Longobardo et Stuart Wallace, « The 2021 ECtHR Decision in *Georgia v Russia (II)* and the Application of Human Rights Law to Extraterritorial Hostilities », *Israel Law Review*, vol. 55, issue 2, juillet 2022, p. 145-177, Cambridge University Pressを参照。

5 Elizabeth Tsurkov, « Russia Has Killed More Syrian Civilians than ISIS. Why Are They Getting Away With It? », *Forwards*, 24 février 2020.

6 Isobel Koshiw, « Makeshift Graves and Notes on Doors: The Struggle to Find and Bury Mariupol's Dead », *The Guardian*, 1er juin 2022.

7 ウクライナにおけるこうした大規模犯罪の性質とその系譜についてはNicolas Tenzer, « Russian Mass Crimes in Ukraine: A Deliberate Political Will. Genealogy of Sate Terror », *Tenzer Strategics*, 1er juin 2022. Pour leurs conséquences, voir Anthony Dworkin, « Laws against Slaughter : The Crimes that Shape Russia's War on Ukraine », European Council of Foreign Relations (ECFR), 12 avril 2022. Sur spécifiquement le crime d'agression qui permet d'incriminer directement Vladimir Poutine, voir Philippe Sands, « "Inculper Poutine du crime d'agression permettrait de gagner du temps" », *Le Monde*, 15 mars 2022を参照。

8 *Le Monde*, 21 juin 2022.

9 この沈黙の戦略的な意味についてはNicolas Tenzer, « La guerre russe en Syrie change l'ordre du monde et le visage du xxie siècle », *HuffPost*, 20 décembre 2016をとくに参照のこと。

10 Jean-Baptiste Jeangène Vilmer, « The "Macron Leaks" Operation: A Post-Mortem », Atlantic Council et IRSEM, juin 2019を参照。

11 Nicolas Tenzer, « La propagande "douce" : une menace invisible et invasive », *Desk Russie*, 22 juin 2021を参照。

12 Jean-Baptiste Jeangène Vilmer, Alexandre Escorcia, Marine Guillaume et Janaina Herrera, *Les Manipulations de l'information. Un défi pour nos démocraties*, rapport du Centre d'analyse, de prévision et de stratégie (CAPS) du ministère de l'Europe et des Affaires étrangères et de l'Institut de recherche stratégique de l'École militaire (IRSEM) du ministère des Armées, Paris, août 2018.

13 le site gulagu.net et les vidéos du lanceur d'alerte Sergueï Savelievを参照。

14 黄色いベスト運動にともなうフェイスブック上の情報操作やロシアのプロパガンダ中継の割込みにつ

いては、l'étude d'Avaaz, « Yellow Vests Flooded by Fake News. Over 100M View of Disinformation on Facebook », 12 mars 2019を参照。

15　Olivier Schmitt, « "Je ne fais que poser des questions." La crise épistémologique, le doute systématique et leurs conséquences politiques », *Fragments sur les temps présents*, 15 juin 2018をとくに参照のこと。

16　ロシアの対ウクライナ戦争におけるプロパガンダでのこうしたストーリーの使用については、Nicolas Tenzer, « How the Kremlin's Narratives Are Still Influencing Some Western Political Leaders. Don't Think that Russian Influence Has Disappeared », *Tenzer Strategics*, 6 avril 2022を参照。

17　Raymond Aron, « Qu'est-ce qu'une théorie des relations internationales ? », *Revue française de science politique*, 1967, vol. 17, n° 5, notamment p. 847.

第11章　プーチンと周辺地域の攻撃

1　プーチンのイデオロギーの根本にある徹底的な破壊計画については、Nicolas Tenzer, « What Does Vladimir Putin Want ? Ideology, Movement and Destruction », *Tenzer Strategics*, 23 décembre 2021を参照のこと。

2　プーチンのイデオロギーのインスピレーションについてはとくに、Timothy Snyder, *The Road to Unfreedom: Russia, Europe, America, New York*, Tim Duggan Books, 2018を参照のこと。

3　多くの著作の中でもとくに、Catherine Belton, *Les Hommes de Poutine*…, *op. cit*（前掲書）をあげておきたい。

4　この点については第一〇章で述べた。民主主義の脆弱性については、次の文書を参照することができる。le Finnish Institute of International Affairs : « Tackling Democratic Vulnerabilities in the Post-truth Era: Domestic and International Responses », FIIA Briefing Paper 252, 3 décembre 2018.

5　プーチンがウクライナで犯した大規模犯罪の意味と重要性については、Nicolas Tenzer, « Russian Mass Crimes in Ukraine: A Deliberate Political Will. Genealogy of State Terror », *op. cit.* を参照。

6　Discours du 24 avril 2005.

7　二〇〇九年五月に署名されたこのパートナーシップについては、Gustav Gressel, « Promoting European Strategic Sovereignty in the Eastern Neighbourhood », European Council of Foreign Relations (ECFR), 1er décembre 2020 ; あるいは、Pierre Mirel, « The Eastern Partnership, between Resilience and Interference », Fondation Robert Schuman, *European Issue*, 5809, 17 mars 2021 ; または、Amanda Paul et Ionela Maria Ciolan, « Lessons from the Eastern Partnership: Looking back to Move forward », European Policy Centre (EPC), 14 décembre 2021 をとくに参照のこと。

8　パートナーシップ諸国は、差異はあるものの、欧州連合から数十億ユーロの助成金を受けたが、その結果は、改革、流れの方向性（多くの国はロシアとの関係を優先している）、制度改革に関して対照的であるように思われる。とくに、Pierre Andrieu : « La politique de Partenariat de l'Union européenne : dix ans après », *Note de la FRS*, 49/2020, 15 juin 2020 を参照のこと。

9　この平和的革命の意味と重要性については以下を参照のこと。Katia Glod, « The Future of Belarus », Center for European Policy Analysis (CEPA), 18 novembre 2020 ; « Bloodied but Unbowed: Belarusian Opposition Fights On », *eod. loc.*, 15 octobre 2021 ; Nicolas Tenzer, « What's at Stake with Belarus? Saving Belarus from the Grip of the Russian Regime », *Tenzer Strategics*, 29 juin 2021.

10　この関係についてはとくに、Alla Leukavets, « Crisis in Belarus: Main Phases and the Role of

Russia, the European Union and the United States », Wilson Center, *Kennan Cable*, n°74, janvier 2022を参照。

11　EU vs. Disinfo, « Question Less: RT StrikeBreakers Replace Belarusian Journalists on Strike », 11 septembre 2020　をとくに参照。

12　沿ドニエストルの紛争については、Natalya Belitzer, « The Transnistrian Conflict », *in* Anton Bebler (dir.), *"Frozen Conflicts" in Europe*, Leverkusen, Verlag Barbara Budrich, 2015を参照。

13　プーチンが沿ドニエストルをウクライナ戦争を補強するものとして利用することの主要なリスクについては、David Brewster, « Transnistria: The Next Front of the Ukraine War », *The Interpreter*, Lowy Institute, 2 mai 2022を参照。

14　とくに、反体制派の投獄、デモへの参加を禁止する制限、報道機関の閉鎖、弁護士への脅迫などを報告するヒューマン・ライツ・ウォッチの二〇二〇年報告書を参照。

15　おもなスキャンダルは欧州評議会内の大規模な汚職事件であった。（とくにTransparency International, « La machine à blanchir l'Azerbaïdjan : un an après où en est la justice ? », 30 janvier 2018を参照）。

16　とくに、Rahim Rahimov, « Israel Delivers Aid to Azerbaijan: Background and Implications », Eurasia Daily Monitor, vol. 17, 159, Jamestown Foundation, 10 novembre 2020を参照。

17　二〇二〇年秋の戦争の戦略地政学的側面の全体的な分析については、Nicolas Tenzer, « Who is the Real Winner in the Nagorno-Karabakh Conflict? Diplomatic Lessons from a Western Failure », *Tenzer Strategics*, 29 octobre 2021を参照。

18　CSTO（集団安全保障条約機構）は二〇〇二年一〇月七日に設立された政治・軍事的機関であり、ロシア、アルメニア、ベラルーシ、カザフスタン、タジキスタン、キルギスが加盟している。

19 カザフスタンの新たな方向性については、Temur Umarov, « After Ukraine, Is Kazakhstan Next in the Kremlin's Sights ? », Carnegie Endowment for International Place, 10 août 2022を参照。

20 旧ユーゴスラヴィアでの戦争とプーチンのウクライナ侵攻とを比較対象することが可能である。そうした観点で、Bruno Tertrais et Loïc Tregoures, « De Sarajevo à Marioupol : ce que les guerres en ex-Yougoslavie nous disent du destin de l'Ukraine », Institut Montaigne, 14 avril 2022を参照されたい。

21 概要については、Sylvie Kauffmann, « Dans les Balkans, le spectre des années 1990 rôde, insidieux, poussé par la Serbie et la Russie », Le Monde, 10 novembre 2021を参照。

22 とくにSimon Piel et Thomas Saintourens, « En Serbie, guerre de la cocaïne, corruption et méthodes brutales inspirées des narcos du Mexique », *Le Monde*, 19 mai 2022 ; et Rémy Ourdan, « Dans les Balkans, les gangs au cœur d'un système d'État », *Le Monde*, 30 juillet 2021を参照。

23 こうした「明白な曖昧さ」についてはとくに、Engjellusshe Morina, « Bound to Russia: Serbia's Disruptive Neutrality », ECFR, 14 mars 2022を参照。

24 その詳細についてはとくに、Mira Milosevich, « Russia's Weaponization of Tradition: the Case of the Orthodox Church in Montenegro », Center for Strategic and International Studies (CSIS), 25 septembre 2000で説明されている。

25 この件に関しては、とくにベリングキャットの調査を参照のこと。« Second GRU Officer Indicted in Montenegro Coup Unmasked », 22 novembre 2018.

26 ボスニアにおけるロシアの目的についてはとくに、Ismet Fatih Čančar, « Russia's New Front with the West in Bosnia », Royal United Services Institute (RUSI), 21 mars 2022を参照。

27 ロシア国防大臣の告白による。« All of Russia's Latest Weapons Tested in Syria, Says Defense

Chief », *Tass*, 30 août 2021を参照。

28　この准軍事組織はクレムリンを管理し続けているロシア参謀本部によって、クレムリンの非公式部隊として設立された。Irina Malkova et Anton Baev, « A Private Army for the President: The Tale of Evgeny Prigozhin's Most Delicate Mission », *The Bell*, 31 janvier 2019を参照。

29　Élise Vincent, « Exactions et prédations minières : le mode opératoire de la milice russe Wagner en Afrique », *Le Monde*, 14 décembre 2021をとくに参照のこと。

30　フランスのテレビチャンネル「フランス5」のために制作された優れたドキュメンタリー、Ksenia Bolchakova et Alexandra Jousset, *Wagner, l'armée de l'ombre de Poutine*, 2021を参照されたい。

第12章　プーチンとウクライナの強迫観念

1　« Russian Losses to Date: Almost 40 000 Military Personnel », *Ukrayinska Pravda*, 24 juillet 2022, https://www.pravda.com.ua/eng/ news/2022/07/24/7359880/ Le Pentagone donne des chiffres encore plus importants : au 9 août 2022, entre 70 000 et 80 000 militaires russes tués ou blessés, voir Tomas Burgel, « Le Pentagone révèle ses chiffres : les pertes russes en Ukraine sont colossales », korii. (slate.fr).

2　Jeffrey Sonnenfeld, Steven Tian, « Actually, the Russian Economy Is Imploding », *Foreign Policy*, 22 juillet 2022, https://foreignpolicy. com/2022/07/22/russia-economy-sanctions-myths-ruble-business.

3　*Cf.* Brendan Cole, « Gorbachev Feels His Life's Work Being Destroyed by Putin », *MSN News*, 22 juillet 2022, www.msn.com/en-us/news/ world/gorbachev-feels-his-life-s-work-being-destroyed-by-putin-closefriend-says/ar-AAZRk8U.

4 « Vladimir Putin is in Thrall to a Distinctive Brand of Russian Fascism », *The Economist*, 28 juillet 2022, https://www.economist.com/ briefing/2022/07/28/vladimir-putin-is-in-thrall-to-a-distinctive-brand-ofrussian-fascism.

5 « Russian Forces Conducting Detentions and Forced Deportations Through Systematic Filtration Operations », U.S. National Intelligence Council, unclassified memorandum, 15 juillet 2022, https:// www.dni.gov/files/ ODNI/documents/assessments/NICM-Unclassified-Assessment-on-Russian-Filtration-Camps-2022.pdf.

6 « In Mid-May, the Estimated Figure Was 1.3 million, Including 223 000 Children », Glavkom, 17 mai 2022, https://glavcom.ua/country/ incidents/rosiya-vikrala-ponad-milyon-ukrajinciv-oon-ne-maje-do-nih-dostupu-846312.html. Voir aussi le rapport de Human Rights Watch, « Ukraine: Torture, Disappearances in Occupied South », HRW, 22 juillet 2022, https:// www.hrw.org/news/2022/07/22/ukraine-torture-disappearances-occupiedsouth. Ainsi que le precedent rapport « Russia : Forcible Disappearances of Ukrainian Civilians », HRW, 14 juillet 2022, https://www.hrw.org/news/2022/07/14/russia-forcible-disappearances-ukrainian-civilians.

7 Robbie Gramer, Amy Mackinnon, « Ukraine's "Nuremberg Moment" Amid Flood of Alleged Russian War Crimes », *Foreign Policy*, 10 juin 2022, https://foreignpolicy.com/2022/06/10/ukraines-nuremberg-moment-amidflood-of-alleged-russian-war-crimes ; et aussi Dan Bilefsky, Matthew Mpoke Bigg, « The Many Parties Involved Complicate War Crimes Investigations », *The New York Times*, 15 juillet 2022, https://www.nytimes. com/2022/07/15/world/the-many-parties-involved-complicate-war-crimesinvestigations.html.

8 Alex Hinton, « War Crimes or Genocide? Either Way, We Can't Let Russian Atrocities Go Unanswered », *Los Angeles Times*, 5 avril 2022, https://www.latimes.com/opinion/story/2022-04-05/ukraine-russia-buchagenocide-war-crimes ; et aussi Tyler Pager, « Biden Calls Russia's War in Ukraine a "Genocide" », *The Washington Post*, 12 avril 2022, https:// www.washingtonpost.com/politics/2022/04/12/biden-calls-russias-warukraine-genocide ; Claire Parker, « What Is Genocide, and Is Russia Carrying It out in Ukraine? », 17 avril 2022, https://www.washingtonpost. com/world/2022/04/17/genocide-definition-russia-ukraine ; Azeem Ibrahim, « Russia's War in Ukraine Could Become Genocide », *Foreign Policy*, 27 mai 2022, https://foreignpolicy.com/2022/05/27/russia-war-ukrainegenocide ; Victoria Kim et al. « Ferocious Russian Attacks Spur Accusations of Genocide in Ukraine », *The New York Times*, 27 mai 2022, https:// www.nytimes.com/live/2022/05/27/world/russia-ukraine-war#ferocious-russian-attacks-spur-accusations-of-genocide-in-ukraineを参照のこと。

9 Philippe Sands, *Retour à Lemberg*, Paris, Albin Michel, 2017.(『ニュルンベルク合流——「ジェノサイド」と「人道に対する罪」の起源』〔園部哲訳。白水社。二〇一八年〕からの引用。

10 Brendan Cole, « Russia Committing Genocide in Ukraine, Says Holocaust Expert », *Newsweek*, 5 avril 2022, https://www.newsweek. com/ukraine-russia-zelensky-putin-genocide-war-crime-1695051

11 United Nations, The 2005 World Summit Outcome Document, paragraph 139, https://www.un.org/en/genocideprevention/about-responsibilityto-protect.shtml.

12 Stéphanie Maupas, « La Cour internationale de justice appelle à la "suspension immédiate" des opérations militaires russes en Ukraine », *Le Monde*, 17 mars 2022, https://www.lemonde.fr/

international/ article/2022/03/17/la-cour-internationale-de-justice-appelle-a-la-suspension-immediate-des-operations-militaires-russes-en-ukraine_6117919_3210. html.

13 Philippe Sands, « Prosecuting Putin's Aggression », *The Nation*, 14 avril 2022, https://www.thenation.com/article/world/ukraine-putinaggression-crime.

14 Sevgil Musaïeva, « The International System Is Broken. British Lawyer Philip Sands on How to Punish Putin for the War in Ukraine », *Ukrainska Pravda*, 12 avril 2022, https://www.pravda.com.ua/eng/ articles/2022/04/12/7338924/.

15 Princeton University Press, Princeton, 2017.

16 Brendan Cole, « Russia Committing Genocide in Ukraine, Says Holocaust Expert », *op. cit.*, https://www.newsweek.com/ukraine-russia-zelensky-putin-genocide-war-crime-1695051からの引用。

17 https://www.justsecurity.org/81789/russias-eliminationist-rhetoricagainst-ukraine-a-collection/.

18 Timofeï Sergueïtsev, « What Russia Should Do with Ukraine? », RIA Novosti, 3 avril 2022, https://ria.ru/20220403/ukraina-1781469605. html.

19 Timothy Snyder, « Russia's Genocide Handbook », 8 avril 2022, https://snyder.substack.com/p/russias-genocide-handbook.

20 *Ibid.*

21 Timothy Snyder, « Nazis, Nukes, and NATO, or What the RussoUkrainian War Is Not About », 21 juillet 2022, https://snyder.substack.com/p/nazis-nukes-and-nato.

22 Timofeï Sergueïtsev, « What Should Russia Do with Ukraine? », *op. cit.*, https://ria.ru/20220403/

ukraina-1781469605.html. English translation:
https://russiavsworld.org/what-should-russia-do-with-ukraine.

23 *Ibid.*

24 Brendan Cole, « Russia Committing Genocide in Ukraine… », *op. cit*からの引用。

25 Timofeï Sergueïtsev, « What Should Russia Do with Ukraine? », op. cit., https://russiavsworld.org/what-should-russia-do-with-ukraine/. Et aussi « RIA Novosti Has Clarified Russia's Plans vis-à-vis Ukraine and the Rest of the Free World in a Program like Article : What Russia Should Do with Ukraine ? », Center for Civic Liberties, 4 avril 2022, https://ccl. org.ua/en/news/ria-novosti-has-clarified-russias-plans-vis-a-vis-ukraine-andthe-rest-of-the-free-world-in-a-program-like-article-what-russia-should-dowith-ukraine-2/. Et aussi, Françoise Thom, « Les idéologues russes visent à liquider la nation ukrainienne », *Desk Russie*, 6 avril 2022, https://deskrussie.eu/2022/04/06/les-ideologues-russes.html.

26 Milàn Czerni, « Comment Poutine veut effacer l'Ukraine », *Le Grand Continent*, 23 février 2022.

27 https://censor.net/ru/news/3331466/ukrainstvo_feyik_ego_ne_bylo_i_net_izmenit_soznanie_vajneyishaya_tsel_medvedev.

28 Alexander Motyl, « Is Putin Committing Genocide in Ukraine? », *Tablet*, 24 mai 2022, https://www.tabletmag.com/sections/news/articles/isputin-committing-genocide-in-ukraine.

29 New Lines Institute for Strategy [Washington, DC] and Policy and Raoul Wallenberg Centre for Human Rights [Montreal], « An Independent Legal Analysis of the Russian Federation's Breaches of the Genocide Convention in Ukraine and the Duty to Prevent », mai 2022, https://newlinesinstitute.

org/an-independent-legal-analysis-of-the-russianfederations-breaches-of-the-genocide-convention-in-ukraine-and-the-dutyto-prevent/.

30 Simon Bouvier, « Macron Rejects Use of the Term “Genocide” to Describe Russian Atrocities in Ukraine », *CNN*, 13 avril 2022, https://edition.cnn.com/europe/live-news/ukraine-russia-putin-news-04-13-22/index. html.

31 « Zelenskiy Trolls Putin after Russian President Publishes Article on Ukraine », *RFE/RL Newsline*, 13 juillet 2021, https://www.rferl.org/a/ zelenskiy-trolls-putin-ukraine/31356912.html.

32 Peter Kenez, *Civil War in South Russia, 1918. The First Year of the Volunteer Army*, とくに第8章: « A Russia Great, United, and Indivisible », University of California Press, Berkeley, 1971 ; https://doi.org/10.1525/9780520312265-010を参照のこと。

33 « Aggressor and Professor », *Svoboda*, 20 mars 2015, https://www. svoboda.org/a/26907371.html.

34 Игорь Джадан, « Операция “Механический апельсин” », *Русский журнал*, 21 avril 2008, http://www.russ.ru/pole/Operaciya-Mehanicheskijapel-sin.

35 Anton Barbashin, Hannah Thoburn, « Putin’s Brain. Alexander Dugin and the Philosophy Behind Putin’s Invasion of Crimea », *Foreign Affairs*, 31 mars 2014, https://www.foreignaffairs.com/articles/russia-fsu/2014-03-31/putins-brain ; Anton Shekhovtsov, « Putin’s Brain? », *New Eastern Europe*, n° 4, 2014, p. 72-79, https://www.ceeol.com/search/ article-detail?id=429899 ; David von Drehle, « Russian Intellectual Aleksandr Dugin Is also Commonly Known as “Putin’s Brain” », *NPR*, 27 mars 2022, https://www.npr.org/2022/03/27/1089047787/russian intellectual-aleksandrdugin-is-also-commonly-known-as-putins-brain ; Peter Hughes, « “Putin’s Brain”: What Alexander Dugin Reveals about

Russia's Leader », *Spectator*, 19 avril 2022, https://www.spectator.co.uk/article/-putin-s-brain-whatalexander-dugin-reveals-about-russia-s-leader ; Michael Millerman, *Inside "Putin's Brain" : The Political Philosophy of Alexander Dugin*, Millerman School, Toronto, 2022.

36 *Cf.* Истинный Иван Ильин только-только начинает открываться вдумчивому читателю из Кремля – Газета.ru | Колумнисты (gazeta.ru).

37 Злободневный Солженицын : о войне между Россией и Украиной – Рамблер/новости (rambler.ru).

38 Edward Keenan, « On Certain Mythical Beliefs and Russian Behaviors », in Stephen Frederick Starr (dir.), *The Legacy of History in Russia and the New States of Eurasia*, M. E. Sharpe, Armonk, New York, 1994, p. 19-40.

39 この考えは多くの「クレムリンのハト派」やプーチンのプロフェッショナルの親衛隊、著名なスペシャリスト、とくに国際関係の「現実主義」派のスペシャリストによって表明されている。たとえば、John Mearsheimer, « Why the Ukraine Crisis Is the West's Fault. The Liberal Delusions That Provoked Putin », *Foreign Affairs*, septembre/octobre 2014, p. 77-89を参照のこと。

40 *https://koerber-stiftung.de/internationale-politik/bergedorfergespraechskreis/protokolle/protokoll-detail/BG/russland-und-derwestenbrinternationale-sicherheit-und-reformpolitik.html.*

41 Timothy Garton Ash, « Putin's Deadly Doctrine », *The New York Times*, 18 juillet 2014, https://www.nytimes.com/2014/07/20/opinion/sunday/protecting-russians-in-ukraine-has-deadly-consequences.html.

42 Robert Person, Michael McFaul, « What Putin Fears Most », *Journal of Democracy*, 22 février 2022, https://www.journalofdemocracy. org/what-putin-fears-most/より引用。

43 Vladimir Putin: National Public Radio's interview, Broadcast, 15 novembre 2001, https://legacy.npr.org/news/specials/putin/nprinterview. html.

44 President of Russia [official site], Press Statement and Answers to Questions at a Joint News Conference with Ukrainian President Leonid Kuchma, Sotchi, 17 mai 2002, http://en.kremlin.ru/events/president/transcripts/21598.

45 President of Russia [official site], After the Russia-NATO Summit President Vladimir Putin took part in a joint press conference with NATO Secretary General George Robertson and Italian Prime Minister Silvio Berlusconi, 28 mai 2002, http://www.en.kremlin.ru/events/president/ news/43122.

46 James Sherr, « The Dismissal of Borys Tarasyuk. Occasional Brief », Conflict Studies Research Centre, Royal Military Academy Sandhurst, Camberley, 6 octobre 2000.

47 https://zakon.rada.gov.ua/laws/show/964-15#Text.

48 Leonid Shvets, « KGB Agent Who Dreamed of NATO », *Promote Ukraine*, 6 août 2021, https://www.promoteukraine.org/kgb-agentwho-dreamed-of-nato/より引用。

49 President of Russia [official site], « Russia Takes a Negative View of NATO Expansion but Has always Seen the European Union's Enlargement as a Positive Process », 10 décembre 2004, http://www.en.kremlin.ru/events/ president/news/32366.

50 Jan Maksymiuk, « Ukraine: Parliament Recognizes Soviet-Era Famine as Genocide », *RFE/RL*, 29 novembre 2006, https://www.rferl. org/a/1073094.html.

51 Pål Kolstø, « Dmitrii Medvedev's Commission against the Falsification of History : Why Was It Created and What Did It Achieve? A Reassessment », *Slavonic and East European Review*, n° 4,

2019, p. 738-760, https://www.jstor.org/stable/10.5699/slaveasteurorev2.97.4.0738. Voir aussi Ivan Kurilla, « The Implications of Russia's Law against the "Rehabilitation of Nazism" », *PONARS Eurasia Policy Memo*, n° 331, août 2014 ; et Nikolay Koposov, *Memory Laws, Memory Wars. The Politics of the Past in Europe and Russia*, en particulier le chapitre 6, « Memory Laws in Putin's Russia », Cambridge University Press, Cambridge, 2017.

52 « How Kremlin Uses "Soft Power" for Malign Influence: Case of Rossotrudnichestvo in Ukraine », Hybrid Warfare Analytical Group, 9 septembre 2020, https://uacrisis.org/en/how-kremlin-uses-soft-power-formalign-influence-case-of-rossotrudnichestvo-in-ukraine ; Yulia Masiyenko *et al.*, « "The Russian Flag Will Be Flown Wherever Russian Is Spoken": "Russkiy Mir" Foundation », Ukrainian Institute, 2022 ; https://ui.org.ua/en/ sectors-en/russkiy-mir-foundation-2/.

53 https://www.dw.com/ru/rossotrudnichestvo-i-rjad-rossijskih-kompanij-popali-pod-sankcii-kieva/a-57099884.

54 https://meduza.io/news/2022/07/21/evrosoyuz-vvel-sanktsii-protivsobyanina-bezrukova-mashkova-i-lidera-nochnyh-volkov.

55 https://www.unian.info/world/111033-text-of-putin-s-speech-at-natosummit-bucharest-april-2-2008.html.

56 President of Russia [official site], « Address to the President of Ukraine Victor Yushchenko », 13 août 2009, http://en.kremlin.ru/supplement/4938.

57 James Sherr, *The Mortgaging of Ukraine's Independence*. *Briefing Paper*, Chatham House, Londres, 2010.

58 *Ibid.*, p. 3.

59 *Ibid.*, p. 16.

60 Valentina Pop, « Ukraine Drops Nato Membership Bid » *EUobserver*, 4 juin 2010, https://euobserver.com/news/30212.

61 Andrew Wilson, *Virtual Politics. Faking Democracy in the Post-Soviet World*, Yale University Press, New Haven/Londres, 2005.

62 https://gordonua.com/news/politics/surkov-prinuzhdenie-siloy-k-bratskim-otnosheniyam-edinstvennyy-metod-istoricheski-dokazavshiy-effektivnost-na-ukrainskom-napravlenii-1488549.html.

63 https://www.rferl.org/a/ukraine-medvedchuk-house-arrestextended/31647523.html.

64 https://en.desk-russie.eu/2021/12/30/what-does-the-russianultimatum.html.

第13章　ヴラジーミル・プーチンと情報機関のウクライナでの大失態

1　この章はおもに調査報道ジャーナリストで、ウェブサイトhttps://agentura.ru/の創設者であるアンドレイ・ソルダトフAndreï Soldatov　のインタビューと出版物から想をえている。彼はイリナ・ボルガンIrina Boroganとの共著に、*Les Héritiers du KGB. Enquête sur les nouveaux boyards du KGB* (Paris, François Bourin, 2011 ; traduit du russe par Natalia Rutkevich ; préface de Galia Ackerman)　などがある。ソルダトフは、二〇二二年からFSB第5局の調査を最初におこなった人物である。ベセダが自宅軟禁され（三月一一日）、その後レフォルトヴォ刑務所に移され（四月八日）、最終的に釈放されたことを自身のツイッターで発表したのも彼である。さらには、調査サイト「ベリングキャット」で活動しているジャーナリスト、クリスト・グロゼフChristo Grozevの出版物やインタビュー、また彼の

YouTubeチャンネル（Former KGB Spy Sergey Zhirnov）での、元ＫＧＢで転向者のセルゲイ・ジルノフSergueï Jirnovと、有名な匿名の人物（ヴィクトル・ミハイロヴィッチ Viktor Mikhaïlovitchと名のる「ＳＶＲの将軍」）との毎週の会話も活用した。セルゲイ・ジルノフの著書Sergueï Jirnov. *L'Engrenage* (Paris, Albin Michel, 2022）も参照のこと。最後に、八月一九日に発表された、侵攻前のロシア諜報機関の役割に関するワシントン・ポストの大規模な調査を活用した。Greg Miller et Catherine Belton, « Russia's spies misread Ukraine and misled Kremlin as war loomed », basée sur des informations des services secrets américains et ukrainiens.

第14章　プーチンの外交政策の柱――買収、脅迫、恐喝

1 https://zavtra.ru/blogs/gazopoklonniki.
2 Françoise Thom, *Comprendre le poutinisme, op. cit.* p. 11-28を参照。
3 N. A. Nikolaï Efimov, « Sergueï Mironovitch Kirov », Voprosy istorii, n° 11, 1995, p. 58より引用。
4 https://www.theguardian.com/world/2022/jun/02/germany-dependence-russian-energy-gas-oil-nord-stream.
5 https://www.kasparov.ru/material.php?id=629A750786C88.
6 *Nezavissimaïa Gazeta*, 18 octobre 2004.
7 https://russtrat.ru/analytics/27-dekabrya-2020-0010-2544.
8 https://www.atlanticcouncil.org/blogs/energysource/gazproms-follyin-seeking-to-deliver-nord-stream-2-it-may-undermine-its-own-access-toeu-markets/.
9 https://ria.ru/20210724/ukraina-1742591871.html.

10 https://www.nytimes.com/2022/02/18/us/politics/putin-ukraine.html.
11 https://russtrat.ru/comments/17-iyulya-2021-0010-5091.
12 https://www.gazeta.ru/business/2021/08/01/13823180.shtml?updated.
13 https://www.svoboda.org/a/opravdaetsya-li-gazovyy-shantazh-kremlya-efir-v-20-30/31480777.html.
14 https://ria.ru/20210706/gazprom-1739985532.html.
15 https://svpressa.ru/blogs/article/312475/?aft=1.
16 ttps://svpressa.ru/world/article/324016/.
17 https://vz.ru/world/2021/11/26/1131154.html.
18 https://www.kasparov.ru/material.php?id=62BE875ED48E6.
19 https://www.gazeta.ru/politics/2022/06/27/15043916.shtml.
20 https://www.svoboda.org/a/v-radioaktivnyy-pepel-chem-i-kogda-zakonchitsya-novaya-holodnaya-voyna/31386334.html.
21 二〇一二年のマグニツキー法はもともと、ロシアの汚職との闘いの象徴である弁護士、セルゲイ・マグニツキーが二〇〇九年に獄死したことに関与した疑いのあるロシア当局者への経済制裁とビザ発禁を定めたものだった。その後、他の明らかな人権侵害のケースにも法律の適用が拡大された。
22 http://graniru.org/Society/Media/Television/m.255090.html.
23 https://www.gazeta.ru/social/news/2016/10/10/n_9202727.shtml.
24 http://www.ej.ru/?a=note&id=30275.
25 nvo.ng.ru/realty/2016-12-02/1_928_europe.html.
26 https://www.businessinsider.fr/us/putins-doomsday-weapons-pushlikely-to-cause-more-deadly-

accidents-2019-8.

27 https://www.express.co.uk/news/world/1335001/vladimir-putinrussia-missile-skyfall-Burevestnik-world-war-3-nuclear-war.

28 https://www.ng.ru/armies/2021-08-08/2_8219_sarmat.html.

29 https://www.ng.ru/armies/2021-08-08/2_8219_sarmat.html.

30 https://www.ng.ru/armies/2021-08-08/2_8219_sarmat.html.

31 https://vz.ru/opinions/2021/12/27/1135477.html.

32 https://www.9news.com.au/world/russia-military-weapons-arctic-circle-superweapon-stealth-torpedo-vladimir-putin-norway/826f9279-653f-475 a-83aa-7f8bfad08b9e.

33 https://www.businessinsider.fr/us/russia-tests-nuclear-doomsday-torpedo-in-arctic-expands-military-2021-4.

34 https://www.pulse.ng/bi/politics/the-real-purpose-of-russias-100megaton-underwater-nuclear-doomsday-device/mqz9kqb.amp.

35 https://desk-russie.eu/2022/01/14/les-armes-nouvelles-russes.html.

36 https://www.20minutes.fr/monde/3321239-20220706-guerreukraine-direct-donbass-civils-appeles-evacuer-sloviansk.

37 https://thehill.com/opinion/national-security/566090-putins-flying-nuclear-command-center-presents-a-doomsday-scenario.

38 http://www.ng.ru/video/609542.html.

39 https://vz.ru/politics/2018/3/1/910627.html.

40 « Миропорядок 2018 » Новый фильм Владимира Соловьева о Путине – YouTube.
41 https://www.svoboda.org/a/29086249.html.
42 https://www.svoboda.org/a/29244779.html.
43 https://www.ntv.ru/novosti/2089644/.
44 https://www.svoboda.org/a/v-radioaktivnyy-pepel-chem-i-kogda-zakonchitsya-novaya-holodnaya-voyna/31386334.html.
45 Françoise Thom, *Comprendre le poutinisme*, *op. cit.*, p. 118-119.
46 https://www.russiapost.su/archives/269405.
47 https://svpressa.ru/war21/article/319616/.
48 https://svpressa.ru/war21/article/319616/.
49 Irina Alksnis, https://ria.ru/20211220/ultimatum-1764453150.html.
50 yandex.ru/video/preview/?text=воскресный%20вечер%20 с%20владимиром%20соловьёвым%20 последний%20выпуск%20 сегодня&path=wizard&parent-reqid=1642406640864314-15888670875597530364-man1-2538-man-l7-balancer-8080-BAL-831&wiz_type=vital&filmId=16703483382925782843.
51 https://www.kasparov.ru/material.php?id=61E5B5F409FB9.
52 https://www.kasparov.ru/material.php?id=61EAEE5A1EB46.

第15章　西側諸国でのヴラジーミル・プーチンのネットワークとその手段

1 とくにCécile Vaissié, *Les Réseaux du Kremlin en France*, Les Petits Matins, Paris, 2016 ; ou Nicolas

Hénin, *La France russe*, Paris, Fayard, 2016を参照。

2 Catherine Belton, *Les Hommes de Poutine*…, *op. cit.*, p. 39.（前掲書）

3 « Potchemou neobkhodimo byt so svoïeï stranoï, kogda ona soverchaïet istoritcheskiï povorot I vybor. Otvetchaïet Mikhaïl Piotrovski », *Rossiskaïa Gazeta*, 22 juin 2022, https://rg.ru/2022/06/22/kartina-mira.html.

4 Olga Medvedkova, « Ilya Répine : pour en finir avec l'"âme russe" », *Desk Russie*, 10 juin 2022.

5 Valentina Di Liscia, « Sanctioned Russian Oligarchs Ousted From Tate Museums », *Hyperallergic*, 14 mars 2022.

6 https://www.festival-cannes.com/fr/infos-communiques/communique/articles/declaration-du-festival-de-cannes-sur-la-situation-en-ukraine.

7 https://quandlesrussesnousetonnent.quandlesrusses.com/lespartenaires-du-festival.html.

8 « Oxford University Must Stop Selling Its Reputation to Vladimir Putin's Associates », *The Guardian*, 3 novembre 2015.

9 *Ibid.*

10 Casey Michel, « How Russia's Oligarchs Laundered their Reputations in the West », *Intelligencer*, 1er avril 2022.

11 Valentina Di Liscia, « Sanctioned Russian Oligarchs Ousted from Tate Museums », *op. cit.*

12 Catherine Belton, *Les Hommes de Poutine*…, *op. cit.*, p. 29.（前掲書）

13 *Ibid.*

14 *Ibid.*

15 *Ibid.*

16 Robin d'Angelo, Antoine Malo, « Quand les Russes choyaient Éric Zemmour », *JDD*, 5 mars 2022.

17 « DSK : nouvelle fonction en Russie », *Le Figaro*, 19 juillet 2013.

18 « "Pandora Papers" : révélations sur les bonnes affaires fiscales de Dominique Strauss-Kahn au Maroc et aux Émirats arabes unis », Franceinfo, 4 octobre 2021.

19 Mark Ames, Ari Berman, « McCain's Kremlin Ties », *The Nation*, 1er octobre 2008.

20 https://www.kp.ru/daily/26325/3206463/.

21 « Federalny zakon Rossiïskoï Federatsii ot 23 iïoulia 2010. N 179-F3 », *Rossiskaïa Gazeta*, 27 juillet 2010, www.rg.ru.

22 https://dossier.center/rossotr/.

23 Andrei Soldatov et Irina Borogan, *The Compatriots. The Brutal and Chaotic History of Russia's Exiles, Émigrés, and Agents Abroad*, PublicAffairs, New York, 2019, e-book.

第3部　絶対権力者の手段と方法

第16章　人々の暗殺

1 https://www.tert.am/en/news/2011/01/26/saakashvilikrokodile/ 235569.

2 Forbes, 1er octobre 1999.

3 https://www.forbes.ru/biznes/100-let-forbes351387-dogovor-s-dyavolom-chto-svyazyvalo-borisa-berezovskogo-i-liderov.

4 https://www.mk.ru/editions/daily/article/2006/06/22/180995-taynaatolla-chast-iii.html.

5 https://www.mk.ru/editions/daily/article/2006/06/22/180995-taynaatolla-chast-iii.html.

6 https://cnnn.ru/06/02/2020/23385/gennadij-shpigun-kto-na-samomdele-stoyal-za-poxishheniem-generala.html.

7 ジョージ・ソロスはハンガリー生まれのアメリカ人大富豪で、その財産の大部分を、ポスト共産主義の東ヨーロッパやロシアの自由化と民主化に取り組むオープン・ソサエティ財団（三二〇億ドル）の創設に投資した。この活動により、ロシアやハンガリーの政権のような権威主義的政権や、ヨーロッパの極右から反感を買うことになった。

8 https://www.mk.ru/editions/daily/article/2006/06/22/180995-taynaatolla-chast-iii.html.

9 https://biography.wikireading.ru/63696.

10 https://biography.wikireading.ru/63696.

11 Interview à la chaîne Rossiya 1, 5 octobre 2016.

12 NTV, 26 décembre 1999.

13 https://politkovskaya.novayagazeta.ru/pub/1999/1999-29.shtml.

14 https://fr.wikipedia.org/wiki/Seconde_guerre_de_Tch%C3%A9tch%C3%A9nie.

15 https://www.lefigaro.fr/international/les-coulisses-de-la-diplomatiedu-telephone-entre-macron-et-poutine-20220701.

16 https://ria.ru/20220403/ukraina-1781469605.html. Notons que l'article en question fut rapidement retiré du site de RIA Novosti, car il provoqua un tollé dans les médias occidentaux, mais le programme énoncé par Sergueïtsev est en train de se réaliser.

17 アゾフ大隊とその（ロシアのプロパガンダによる）ナチス・イデオロギーとの関係については、以下を参照のこと。
Anton Shekhovtsov, « Le régiment Azov et la procrastination morale de l'Occident », *Desk Russie* (desk-russie.eu).

18　一九三〇年代から、一九五九年にKGBによって暗殺されるまで、ウクライナ独立のために戦ったウクライナ民族主義者組織の指導者だったステパーン・バンデーラの支持者。バンデーラは評価が分かれる人物である。ロシアのプロパガンダでは、彼はナチとされるが、ナチ政権と協力したのはごく短期間だった（一九三九年に彼は独立ウクライナの建国をヒトラーが受け入れるものと思っていた）。ウクライナ人にとっては国民的英雄である。なぜなら彼は反植民地闘争のイデオローグであり、一九五六年までソ連による西ウクライナ占領に対して戦ったウクライナ・パルチザンの指導者のひとりだったからである。今日、ロシアのプロパガンダは、ウクライナ人戦闘員を「バンデーラ主義者」と不当に呼んでいる。

19　この点については、Stéphane Courtois (dir.), *Du passé faisons table rase ! Histoire et mémoire du communisme en Europe*, Paris, Robert Laffont, 2000, en particulier les chapitres sur l'Estonie, la Bulgarie, la Roumanie et la RDAを参照のこと。

20　https://www.kasparov.ru/material.php?id=62C877A247487. Début août, ces chiffres ont presque doublé : plus de 3 millions de personnes dont 486 000 enfants. С начала спецоперации в Россию из Донбасса и Украины эвакуировали более 3 млн человек | Телеканал « СанктПетербург » (topspb.tv).

21　https://www.kasparov.ru/material.php?id=62C877A247487.

22　Ukraine watch briefing #4, 12.-26.06.2022

23　*Oukraïnska Pravda*, 30 juin 2022.

24　https://www.washingtonpost.com/world/2022/07/13/ukraine-russia-forced-deportation-antonyblinken/.

25 https://www.washingtonpost.com/world/2022/07/18/russia-teachers.

26 https://tsn.ua/ru/ato/okkupanty-uzhe-brosayut-mobilizovannyh-muzhchin-iz-okkupirovannoy-luganschiny-dlya-nastupleniya-na-bahmut-gayday-2112967.html.

27 https://www.newsru.com/background/21feb2006/berezoffsky.html.

28 Françoise Thom. *Comprendre le poutinisme, op. cit.*, p. 121 *et sq*参照。ヌハーエフについては、アメリカ人ジャーナリスト、ポール・クレブニコフが暗殺される数か月前、二〇〇三年にモスクワで出版したロシア語による著書 Conversations avec un barbare でその人物像を描いていた。

29 https://www.rbc.ru/politics/24/01/2022/61eeb86c9a7947253a982a9b ;https://anastasiatruth.livejournal.com/622171.html.

30 https://www.ndtv.com/world-news/vladimir-putin-ally-says-chechenspies-infiltrate-isis-1275246.

31 最も良く知られた人物だけをあげると、アンナ・ポリトコフスカヤ、ナタリア・エステミロワ、ボリス・ネムツォフ殺害は彼の手下によるものとされている。

32 https://www.lefigaro.fr/international/c-est-une-recolonisation-comment-la-russie-annexe-l-ukraine-20220701.

33 *Oukraïnska Pravda*, 30 juin 2022.

34 Ukraine watch briefing #4, 12.-26.06.2022.

35 https://tsn.ua/ru/ato/nedovolstvo-rastet-putin-brosaet-na-voynu-v-ukraine-nacmenshinstva-vmesto-mobilizacii-etnicheskih-rossiyan-2113825.html.

36 lemonde.fr/international/article/2022/06/24/la-resilience-de-l-armeerusse-cle-de-la-guerre-en-

ukraine_6131867_3210.html# :~ : text=Côté%20 équipements%20militaires%2C%20l'Ukraine, dire%20 qu'ils%20sont%20 surévalués.

37 https://www.lindependant.fr/2022/07/19/guerre-en-ukraine-uneguerre-sainte-contre-les-valeurs-sataniques-de-leurope-et-des-lgbt-le-discours-hallucinant-du-bras-droit-de-ramzan-kadyrov-10444012.php.

第17章　プーチン体制のロシアにおけるメディア、NGO、反体制派の弾圧

1 Agathe Duparc, « Andreï Babitski, correspondant de Radio Svoboda, a été marchandé contre trois soldats russes », *Le Monde*, 5 février 2000.

2 Marie Jégo, « L'affaire Babitski illustre la nature du nouveau pouvoir en Russie », *Le Monde*, 11 février 2000.

3 Masha Gessen, *The Man Without a Face. The Unlikely Rise of Vladimir Putin*, Granta, Londres, 2012-2014, e-book, p. 33 / 314.（『そいつを黙らせろ——プーチンの極秘指令』［松宮克昌訳。柏書房。二〇一三年］）

4 François Bonnet, « Le naufrage des médias russes », *Le Monde*, 25 avril 2001.

5 Masha Gessen, *The Man Without a Face…*, *op. cit.*, p. 35-36, 314.

6 Mikhaïl Zygar, *Vsia kremlevskaïa rat. Kratkaïa istoriïa sovremennoï Rossii*, Moscou, Intellektoualnaïa Literatoura, 2016, p. 43.

7 https://www.youtube.com/watch?v=uourVV8tBSU.

8 Mikhaïl Zygar, *Vsia kremlevskaïa rat. Kratkaïa istoriïa sovremennoï Rossii*, Moscou,

Intellektoualnaïa Literatoura, 2016, p. 43.

9 *L'Humanité,* 15 juin 2000.

10 François Bonnet, « Le naufrage des médias russes », op. cit.

11 *Le Monde*, 17 avril 2007, p. 6.

12 Mikhaïl Gorbatchev, O. Gornakova, A. Goransky (dir.), *Manipuljativnye texnologii v izbiratel'nyx kampanijax Rossii 1*, Moscou, Krasnye Vorota, 2003, p. 10 et p. 371.

13 https://www.yabloko.ru/Publ/2004/2004_09/040930_kp_surkov.html.

14 *Libération*, 4 juillet 2006.

15 *Libération*, 27 avril 2007.

16 Mikhaïl Zygar, *Vsia kremlevskaïa rat. Kratkaïa istoriïa sovremennoï Rossii, op. cit.*, p. 103.

17 *Libération*, 16 avril 2007, p. 9.

18 *Libération*, 1er octobre 2007.

19 Michael Idov, *Dressed Up for a Riot. Misadventures in Putin's Moscow*, New York, Straus and Giroux, 2018, p. 46 et 278.

20 Masha Gessen, *The Future is History. How Totalitarism Reclaimed Russia*, New York, Riverhead Books, 2017, e-book, p. 345 et 515.

21 Michael Idov, *Dressed Up for a Riot. Misadventures in Putin's Moscow, op. cit.*, p. 113 et 278.

第18章　プーチンとオーウェル流の歴史の書き換え

1　Annie Kriegel, *Le Système communiste mondial*, Paris, PUF, coll. « Perspectives internationales », 1984.

2　Bernard Bruneteau, Le Bonheur totalitaire. *La Russie stalinienne et l'Allemagne hitlérienne en miroir*, Paris, Éditions du Cerf, 2022 ; et aussi Bernard Bruneteau et François Hourmant (dir.), *Le Vestiaire des totalitarismes*, Paris, CNRS, 2022を参照。

3　Masha Cerovic, *Les Enfants de Staline. La guerre des partisans soviétiques, 1941-1945*, Paris, Seuil, 2018.

4　Stéphane Courtois, « Le génocide de classe », *Les Cahiers de la Shoah*, n°6, 2002, p. 89-122を参照。

5　Stéphane Courtois (dir.), *Sortir du communisme, changer d'époque*, Paris, Fondapol/PUF, 2011.

6　Nikita Petrov, « Bourreaux de l'époque de la terreur stalinienne », *in* Stéphane Courtois (dir.), *1917. La révolution bolcherique*, Paris, Vendémiaire, « Communisme », 2017, p. 69-88を参照。

7　Nicolas Werth, *Histoire de l'URSS*, Paris, PUF, 1990.

8　Nicolas Werth, *Poutine historien en chef*, Gallimard, coll.« Tract », Paris, 2022, p. 29からの引用。

9　Id., p. 24.

10　例として二〇一二年四月四日と五日に財団主催で開催され、ロシアの歴史学者数名が参加した大規模な国際シンポジウムを参照。Marie-Pierre Rey et Thierry Lentz (dir.), *1812, la campagne de Russie*, Paris, Perrin, 2012によって公表されている。

11　Nicolas Werth, *Poutine historien en chef*, *op. cit.*, p. 5.

12　*Précis d'histoire du PC(b) US*, *Paris*, Gît-le-cœur, 1970.

13 プーチンへのイデオロギー的影響については、Michel Eltchaninoff, *Dans la tête de Vladimir Poutine*, Paris, Solin/Actes Sud, 2015を参照のこと。

14 このテーマの詳細かつ国際的な展開については、Stéphane Courtois et Galia Ackerman (dir.), *La Seconde Guerre mondiale dans le discours politique russe. À la lumière du conflit russo-ukrainien*, Paris, L'Harmattan, 2016を参照のこと。

15 Vladimir Poutine, « Les leçons de la victoire sur le nazisme », *Le Figaro*, 7 mai 2005. Voir la réponse de Stéphane Courtois et Jean-Louis Panné, « Les leçons d'histoire du "professeur" Poutine », *Le Figaro*, 30 mai 2005.

16 Galia Ackerman, *Le Régiment immortel. La guerre sacrée de Poutine*, Paris, Premier Parallèle, 2019, p. 132.

17 *Id.*, p. 134-135.

18 *Nazi Soviet Relations, 1939-1941. Documents from the Archives of the German Foreign Office*, Washington, Department of State, 1948.

19 例として、ガリア・アッケルマンが引用している歴史学者アルセン・マルティロシアンの以下の著書を参照のこと。Arsen Martirossian, *Mythes du pacte Molotov-Ribbentrop* (en russe), 3 volumes, Vetché, 2009, cité in Galia Ackerman, *Le Régiment immortel. La guerre sacrée de Poutine*, *op. cit.*, p. 141.

20 Jean Bouvier et Jean Gacon, La Vérité sur 1939. *La politique extérieure de l'URSS d'octobre 1938 à juin 1941*, Paris, Éditions sociales, 1953.フランス共産党内の歴史と記憶をめぐるすべての戦いについては、Stéphane Courtois, « Le PCF historien du PCF dans la Deuxième Guerre mondiale », *Communisme*, n° 4, 1983, p. 5-26を参照。

21 Georgi Dimitrov, *Journal, 1933-1949*, Paris, Belin, 2005. Ce document fondamental permet de suivre presque au jour le jour l'évolution de la pensée de Staline.

22 Stéphane Courtois, *1939, l'alliance soviéto-nazie : aux origines de la fracture européenne*, Paris, Fondation pour l'innovation politique, 2019, p. 26-27. Les italiques indiquent les passages soulignés dans l'originalより引用。

23 Sylvie Kauffmann, « À l'Est, l'histoire revue et corrigée », *Le Monde*, 5 septembre 2019.

24 Galia Ackerman, *Le Régiment immortel. La guerre sacrée de Poutine, op. cit.*, p. 176より引用。

25 Stéphane Courtois, « Du passé faisons table rase ! », *in* Stéphane Courtois (dir.), *Histoire et mémoire …, op. cit.* ; et pour un bilan plus récent, Stéphane Courtois, « La mémoire du communisme, un enjeu européen », *in* Stéphane Courtois (dir.), *La Guerre des mémoires*, Paris, Vendémiaire, « Communisme 2015 », 2015, p. 5-44. Pour une approche plus large de l'histoire russe, soviétique et post-soviétique, voir Korine Amacher, Éric Aunoble et Andrii Portnov (dir.), *Histoire partagée, mémoires divisées. Ukraine, Russie, Pologne*, Lausanne, Antipodes, 2021.

26 アメリカ人歴史学者ティモシー・スナイダーの以下の著作を参照。Timothy Snyder, *Terres de sang. L'Europe entre Hitler et Staline*, Paris, Gallimard, 2022 (édition augmentée).

27 Stéphane Courtois, « L'honneur perdu de la gauche européenne », *2050*, n° 1, 2006, p. 110-116.

28 Bernard Bruneteau, *Le Totalitarisme. Origines d'un concept, genèse d'un débat, 1930-1942*, Paris, Cerf, 2010を参照のこと。

29 Gillian Purves (dir.), *Pour ne pas oublier. Mémoire du totalitarisme en Europe. Récits biographiques à l'usage des lycéens d'Europe*, Prague, Institut d'étude des régimes totalitaires, 2013 (+ DVD).

30 *La Mémoire à venir. Enquête internationale réalisée auprès des jeunes de 16à 29 ans dans 31 pays*, Paris, Fondation pour l'innovation politique/Fondation pour la mémoire de la Shoah, 2014.
31 Alexandre Soljenitsyne, *Révolution et Mensonge*, Paris, Fayard, 2018.

第19章　プーチン、オリガルヒたちの首領

1 Arnaud Lefèbvre, « Les Russes ridiculement riches : "35 % de la richesse du pays entre les mains de… 110 personnes" », *Business AM*, 9 octobre 2013.
2 Isabelle Mandraud, « La Russie, palme d'or des inégalités extrêmes », *Le Monde*, 14 janvier 2017.
3 Paul Klebnikov, *Parrain du Kremlin. Boris Berezovski et le pillage de la Russie*, Paris, Robert Laffont, 2001, p. 71.
4 Karen Dawisha, *Putin's Kleptocracy. Who Owns Russia ?*, New York, Simon & Schuster Paperbacks, 2014, p. 32.
5 *Ibid.*, p. 16.
6 Olga Krychtanovskaïa, *Anatomiïa rossiïskoï elity*, Moscou, Zakharov, 2004, pp. 294-307.
7 Catherine Belton, *Les Hommes de Poutine*…, *op. cit.*, p. 69.（前掲書）
8 Pierre Lorrain, *La Mystérieuse Ascension de Vladimir Poutine*, Monaco, Éditions du Rocher, 2000-2004, p. 313を参照。
9 Olga Krychtanovskaïa, *Anatomiïa rossiïskoï elity*, *op. cit.*, pp. 314-318.
10 Catherine Belton, *Les Hommes de Poutine*…, *op. cit.*, p. 69.（前掲書）
11 Paul Klebnikov, *Parrain du Kremlin*…, *op. cit.*, p. 157.

12 Karen Dawisha, *Putin's Kleptocracy*…, *op. cit.*, p. 31.

13 Paul Klebnikov, *Parrain du Kremlin*…, *op. cit.*, p. 198-200.

14 Boris Eltsine, *Mémoires*, Paris, Flammarion, 2000, p. 160-161（『ボリス・エリツィン最後の証言』［網屋慎哉・桃井健司訳。NCコミュニケーションズ。二〇〇四年］）; et aussi Alexandre Korjakov, *Boris Eltsine : ot rassveta do zakata*, Moscou, Interbouk, 1997, p. 284.

15 次の映画を参照。Madeleine Leroyer, *1996, hold-up à Moscou* (Arte, 2021).

16 Bill Browder, *Notice rouge*, Paris, Kero, 2015.

17 Mikhaïl Zygar, *Vsia kremlevskaïa rat*…, *op. cit.*, p. 72.

18 Giacomo Tognini et John Hyatt, « The Forbes Ultimate Guide To Russian Oligarchs », *Forbes*, 7 avril 2022, https://www.forbes.com/ sites/giacomotognini/2022/04/07/the-forbes-ultimate-guide-to-russian-oligarchs/?sh=25d282e6276d.

19 Catherine Belton, *Les Hommes de Poutine*…, *op. cit.*, p. 94.（前掲書）

20 Mikhaïl Zygar, *Vsia kremlevskaïa rat*…, *op. cit.*, p. 14.

21 Catherine Belton, *Les Hommes de Poutine*…, *op. cit.*, p. 176.（前掲書）

22 Interview au *Figaro* en octobre 2000, cité dans Paul Klebnikov, *Parrain du Kremlin*…, *op. cit.*, p. 18.

23 Alexandre Korjakov, *Boris Eltsine : ot rassveta do zakata*, *op. cit.*, pp. 295-296.

24 Mikhaïl Zygar, *Vsia kremlevskaïa rat*…, *op. cit.*, p. 75.

25 Piotr Orekhine, « Razgrom », *Nezavissimaïa Gazeta*, 21 juillet 2004.

26 Catherine Belton, *Les Hommes de Poutine*…, *op. cit.*, p. 297 et 489.（前掲書）

27 Alexeï Chepovalov, « Arkadi Volski pones sotsialnouïou otvetstvennost », *Kommersant*, 6 août 2004.

28 Mikhaïl Fichman, « Khoziaïn ou nas odin », Newsweek édition russe, 2 août 2004.

29 Catherine Belton, *Les Hommes de Poutine…, op. cit.*, p. 12 et 489.（前掲書）

30 https://www.rbc.ru/politics/07/04/2021/606d8ff99a7947a928e8a162.

31 *Financial Times*, 19 juin 2006, p. 13.

32 Karen Dawisha, *Putin's Kleptocracy…, op. cit.*, p. 101.

33 オリガルヒの二〇二一年の推定資産は、フォーブス誌に掲載されたロシアで最も裕福な実業家二〇〇人のリストから引用しているが、このリストに載っている人物全員がオリガルヒとみなされているわけではない。: https://www.forbes.ru/rating/426935-200-bogateyshihbiznesmenov-rossii-2021-reyting-forbes.二〇二二年四月時点の資産と減少率についてのデータは、フォーブス誌のデータを再録した仏経済誌シャランジュによる。: *Challenges*, 5 mai 2022, p. 50-51. この減少は制裁の影響を測る最初の尺度となる。

34 Catherine Belton, *Les Hommes de Poutine…, op. cit.*, p. 90-91, 99, 139, 311, 321-323 et 489.（前掲書）

35 http://realty.newsru.com/article/21jun2013/yakunin_akul ; http://www.kommersant.ru/doc/2216244.

36 https://tvrain.ru/articles/albion-396148/. http://navalny.livejournal.com/823244.html.

37 http://www.kommersant.ru/doc/1802255.

38 Karen Dawisha, *Putin's Kleptocracy…, op. cit.*, p. 101.

39 Sébastian Seibt, « Arkadi Rotenberg, loyal oligarque et heureux propriétaire du "palais de Poutine" », France 24, 2 juin 2021.

40 Paul Klebnikov, *Parrain du Kremlin…, op. cit.*, p. 222-241.

41 Alexeï Poloukhine, « Spekouliant gossoudarev », *Novaïa Gazeta*, 2 août 2007.

42 *Itogi*, 30 juillet 2007, p. 10.

43 Masha Gessen, *The Future is History. How Totalitarism Reclaimed Russia, op. cit.*, p. 483-484 et 515.

44 Khadija Sharife, Alina Tsogoeva et Kira Zalan, « Despite Denials, Abramovich Companies Have Supplied Materials for Russian Military », *Organized Crime and Corruption Reporting Project (OCCRP)*., 20 juillet 2022, https://www.occrp.org/en/37-ccblog/ccblog/16587-despite-denials-abramovich-companies-have-supplied-materials-for-russian-military.

45 Bill Browder, *Notice rouge, op. cit.*, 3744-3758 et 8354.

46 Grégoire Sauvage, « En Russie, révélations sur la fortune cachée de Vladimir Poutine », France 24, 22 juin 2022.

47 Andrew Rettman, « Russian Oligarchs Spam EU Court with Sanctions Cases », *euobserver*, 2 juin 2022, https://euobserver.com/world/155119.

第20章　政治的武器としての正教

1 « La loyauté de l'Église russe vis-à-vis du pouvoir soviétique. Réflexions autour de la déclaration du métropolite Serge » (*Persée*, persee.fr).

2 Рпц КГБ обговорювали ? (pravda.com.ua) ; « Why Do the Russians Trust the Church Set Up By the KGB ? » (newsweek.com).

3 Christopher Andrew, Vassili Mitrokhine, *Le KGB contre l'Ouest, 1917-1991. Les Archives Mitrokhine*, Paris, Fayard, 2000.

4 *Id.*

5 Dimitri Pospielovsky, *Rousskaïa pravoslavnaïa Tserkov v XX veke*, Moskva Respublika, 1995.

6 Antoine Arjakovsky, *Anatomie de l'âme russe*, Paris, Salvator, 2018.

7 Дорога памяти 2020 официальный сайт (doroga-pamyati.org).

8 « L'Église russe veut créer un "Vatican orthodoxe" » (la-croix.com).

9 LOrthodoxie-la-*Russie-et-lUkraine-Déclaration-sur-le-Monde-russe13-mars-2022-Rev2.pdf* (publicorthodoxy.org).

10 Щипков А. В. *Дискурс ортодоксии. Описание идейного пространства современного русского православия, М.,Издательство Московской Патриархии Русской Православной Церкви, 2021.*

11 Antoine Arjakovsky, *Russie-Ukraine. De la guerre à la paix ?* Paris, Parole et Silence, 2014.

12 Antoine Arjakovsky, « Comment le patriarche de l'Église orthodoxe russe s'est-il radicalisé ? », Observatoire (cnrs.fr).

13 Wikipédiaフランス語版によれば、「二〇一四年末、ロシアのオリガルヒはマーシャル・キャピタルが、ロシアと独立国家共同体（ＣＩＳ）での投資プロジェクトに重点をおく欧州の民間投資ファンド、ＣＦＧキャピタル（フランス）の管理下に移ったと主張している。このパートナーシップは、これまで存在したことはなく、ウクライナ侵攻後のヨーロッパからの制裁を逃れることを目的としてコンスタンチン・マロフェーエフが考えついたものだが、成功しなかった」« Konstantin Malofeïev », Wikipédia (wikipedia.org).

14 聖ワシリイ教会は二〇一〇年に聖ワシリイ慈善財団に改称された。その目的は、子どもたちの健康を増進し、教育や育成を推進して、ロシア正教会の発展・成長を促し、財政的に支援することにあった。

15 Нейтрализация и ее пределы. политическая система современной России | Аналитический центр Катехон. Русский Имперский Ренессанс (katehon.com).

16 СБУ уточнила список росіян, причетних до бойні в Одесі | Українська правда (pravda.com.ua).

17 ウクライナのハッカー集団連合であるサイバー・アライアンスは、二〇一三年九月から二〇一四年一一月までの期間を網羅したヴラジスラフ・スルコフのメールボックスの総量約1ギガにおよぶ通信を、ボランティアによる国際調査コミュニティ「インフォーム・ナパーム」に提出した。

18 Alya Shandra et Robert Seely, *The Surkov Leaks. The Inner Workings of Russia's Hybrid War in Ukraine*, RUSI Occasional Paper, July 2019, Royal United Services Institute for Defence and Security Studies, p. 94からの引用。

19 Добровольцы Российской Империи : Главные итоги съезда СДД | Аналитический центр Катехон. Русский Имперский Ренессанс (katehon.com).

20 Читать книгу Империя. Настоящее и будущее. Книга 3 Константина Малофеева : онлайн чтение – страница 3 (iknigi.net).

21 Стрелок-Гиркин признал, что авиалайнер сбили его подчиненные (profi-forex.org).

22 https://starove.ru/izbran/russkaya-vesna-intervyu-igorya-strelkova-o-vere-i-ubezhdeniyah/.

23 Tetyana Derkatch, *Russian Church in Hybrid War Against Ukraine*, Cerkvarium, Kyiv, 2019.

24 https://myrotvorets.center/criminal/dublyazhenko-aleksandrnikolaevich/ 彼らの中には、ザポリージャのラドミールのような親クレムリンのコサック組織の代表との関係を維持し、ウクライナ人が「テロリスト」と呼ぶことをためらわない「分離主義者」側についてドンバスでの敵対行為にくわわっている者もいる。この組織は、五月九日の勝利を記念する「不滅の連隊」と呼ばれるパレードのウクライナでの組織化も支援している。

25 Christopher Andrew et Vassili Mitrokhine, *Le KGB à l'assaut du tiers-monde : agression – corruption – subversion. 1945-1991*, Paris, Fayard, 2008, p. 881.

26 « Kirill suivra Poutine dans sa chute » (aleteia.org).

27 i9782800414904_000_f.pdf (ulb.ac.be).

28 Antoine Arjakovsky, « Le règne controversé de l'orthodoxie russe », in *Le Livre noir de la condition des chrétiens dans le monde*, Paris, XO éditions, 2014.

29 Tobias Köllner, « Patriotism, orthodox religion and education: empirical findings from contemporary Russia », *Religion State Society*, n° 4, 2016, p. 366-386.

30 Роковая симфония (ruskline.ru).

31 « Russia 2020 International Religious Freedom Report » (state.gov).

32 Ioulia Latynina, « Если мы не Запад, то кто мы ? », *in* Novaya Gazeta.ru, 9 septembre 2014 (www.novayagazeta.ru/arts/65180.html).

33 Lioudmila Oulitskaïa, « Mein Land krankt », *Der Spiegel*, 34/2014 (https://magazin.spiegel.de/digital/index_SP.html#SP/2014/34/128743771).

34 « Le grand rabbin de Moscou reconnaît être parti à cause de la guerre en Ukraine », *The Times of Israël* (timesofisrael.com).

35 ヴラジーミル・プーチンの「ロシア人とウクライナ人の歴史的一体性について」の論文は以下を参照。

cf. Статья Владимира Путина « Об историческом единстве русских и украинцев » 12 июля 2021 года -- Президент России (prezident.org).

36 « Les réactions ukrainiennes à la réécriture de l'histoire par Vladimir Poutine » (theconversation.com).

37 Michel Heller, *Histoire de la Russie et de son empire*, Paris, Perrin, coll. « Tempus », 2015

38 Antoine Arjakovsky, « L'État-nation ukrainien et l'Europe, mémoires et histoire », Académie des sciences morales et politiques (academiesciencesmoralesetpolitiques.fr).

39 « Discours de Vladimir Poutine le 18 mars 2022 au stade Loujniki de Moscou à l'occasion du huitième anniversaire du rattachement de la Crimée à la Fédération de Russie », *Spiritualité, Ésotérisme et Réinformation* (soleilverseau.com).

40 Георгий Митрофанов : « Никаких оптимистичных перспектив для нас я не только не вижу, но и не предчувствую » (newprospect.ru).

41 Françoise Daucé, « Poutine, une conversion peu orthodoxe », in *Ces croyants qui nous gouvernent*, Payot, Paris, 2006, p. 149-166.

42 Главный храм Вооруженных сил Российской Федерации – Главный Храм Вооруженных сил Российской Федерации (ghvs.ru).

43 « Guerre en Ukraine : "Nous n'avions pas le choix. C'était la bonne décision", assure Vladimir Poutine », *L'Opinion* (lopinion.fr).

44 Путин исключил нанесение Россией опережающего ядерного удара– Газета. Ru (gazeta.ru).

第21章　あともどりする疑似保守社会

1　Что сделал Фонд Сороса в России Как « нежелательная организация » спасала российскую науку, образование и культуру – Meduza.

2　Cf. « Идущие » против Сорокина | Намедни-2002 (namednibook.ru)

3　Движение « Идущие вместе » проводит обмен « вредных для России » книг (svoboda.org).

4　反応を要約したものとして、Разгром выставки в музее Сахарова / Январь / 2003 / Выставка в музее им. А.Сахарова / Отношения с учреждениями культуры / Образование и культура / Новости / Религия в светском обществе / СОВА (sova-center.ru)を参照のこと。

5　En russe, Moscou, Logos, 2006.

6　Михаил Рыклин (krotov.info).

7　Ерофеев, Андрей Владимирович – Википедия (wikipedia.org).

8　Cf. Прокуратура картин не видела, но тоже против : Новая газета : 15.05.2008. : Уголовное дело о выставке « Запретное искусство – 2006 » « Отзывы. Российские СМИ » : Музей и общественный центр им. А.Сахарова (sakharov-center.ru) ; Грани.Ру : Суд приговорил Ерофеева и Самодурова к штрафу | Культура / Арт (graniru.org).

9　「祈り」の言葉：Текст песни Pussy Riot – Богородица, Путина прогони перевод, слова песни, видео, клип (songspro.pro)

10　Би-би-си : Путин одобрил приговор по делу Pussy Riot – KLOOP. KG – Новости Кыргызстана.

11　強調箇所は本書の執筆者による。

12 Прокуратура заинтересовалась « современным искусством » ПИДАгога и галериста – Всё, что ты знаешь – ложь. – LiveJournal

13 最も印象的な例は、クラスノヤルスク出身の政治画家ヴァシーリイ・スロノフ（Vassili Slonov）の作品であり、彼の風刺シリーズ「二〇一四年ソチオリンピックへようこそ」が二〇一三年にゲルマンによって展示された。とくにスターリンの顔をしたオリンピックの熊、榴弾の形をしたマトリョーシカ（ロシアの人形）などが見られた。*Cf.* Красноярский художник создал плакаты с обнаженными символами Олимпиады (фото) | НГС24 – новости Красноярска (ngs24.ru).

14 Marat Gelman – Wikipedia.

15 Марата Гельмана, главного идеолога пермской культурной революции признали иностранным агентом 30 декабря 2021 г | 59.ru – новости Перми.

16 Российский законопроект об ограничении доступа в Интернет – Википедия (turbopages.org).

17 Мизулина, Елена Борисовна – Википедия (wikipedia.org).

18 « Законы Мизулиной сеют нетерпимость » (svoboda.org).

19 Яровая, Ирина Анатольевна – Википедия (wikipedia.org).

20 « Закон Путина и Яровой » – это позднесталинский период после ВОВ, когда была очень жесткая цензура – Олег Валецкий – LiveJournal.

21 *Cf.* Что такое « пакет Яровой ». Объясняем простыми словами – Секрет фирмы (secretmag.ru) ; Putin’s War on Prayer – WSJ.

22 Путин подписал « закон Яровой » (interfax.ru).

23 « Законы Яровой » ударят по крымским мусульманам – правозащитница (krymr.com).

24 Sergueï Medvedev. *Les Quatre Guerres de Poutine*, Paris, BuchetChastel, 2020.

25 Гендер для чайников – краткий курс | Colta.ru.

26 出産奨励政策の別の側面として、ロシア正教会による、まだ合法である中絶への非難、ウクライナ国民、とくに子どもたちのロシア深部への強制移送がある。UNHCRの統計によると、二〇二二年七月末時点で、ロシアには一七〇万人以上のウクライナ難民がいるが、ほとんどは自発的難民ではなく強制移送された人々であり、その中には三〇万人以上の子どもたちがいる。親から引き離されたり、孤児である子どもたちは、すぐにロシア人家族との養子縁組するために引き渡される。Cf. Russie : plus de 1,7 million de déportés venant d'Ukraine… | Médias Citoyens Diois (mediascitoyens-diois. info) ; « Хочешь победить народ – воспитай его детей ». Как запрет на усыновление для « недружественных стран » может сказаться на вывезенных в Россию украинских детях (zona.media).

27 Милонов рассказал, чем пахнут геи // НТВ. Ru (ntv.ru).

28 В России запретили усыновление в страны, где разрешены однополые браки – Картина дня – Коммерсантъ (kommersant.ru).

29 По Пугачевой и Галкину нанесли сокрушительный удар : раскрыта постыдная тайна артистов – KP. RU.

30 Голубые роились вокруг меня » Зачем в России хотят запретить ЛГБТ и чайлдфри – отвечает один из авторов законопроекта : Общество : Россия : Lenta.ru.

31 Насилие на камеру. Три минуты из 40 Гб видео пыток в тюрьмах от Gulagu.net – Вот Так (vot-tak.tv).

32 Путин о Моше Кацаве : « Десять женщин изнасиловал ! Оказался очень мощный мужик ! Мы все ему завидуем ! » (ura.news).

33 Putin crony Dmitry Kiselyov comes to defense of Weinstein | Daily Mail Online.

34 Путин подписал закон о декриминализации побоев в семье – РБК (rbc.ru).

35 « Шлепки Мизулиной » : к чему приведет декриминализация насилия в семье – РБК (rbc.ru).

36 « Ремень. Лучше плетеный » / Православие. Ru (pravoslavie.ru).

37 Чечен-гейт. 18+ Как следователи доказали, что в Чечне пытали и убивали геев и почему не стали возбуждать уголовное дело (novayagazeta.ru).

38 Кадыров рассказал о превращении в удобрения « бандеровских грызунов » (pravda.ru).

39 Путин внес поправки про бога, русский народ и союз мужчины и женщины – РБК (rbc.ru).

40 Путин назвал умеренный консерватизм самым разумным принципом – РИА Новости, 21.10.2021 (ria.ru).

41 ミシェル・エルチャニノフの次の著作を参照のこと。Michel Eltchaninoff, *Dans la tête de Vladimir Poutine*, Paris, Éditions Solin/Actes Sud, 2015. Édition augmentée, après l'invasion de l'Ukraine, en mars 2022.

42 Здоровый консерватизм : зачем Путин похоронил эпоху – РИА Новости, 22.10.2021 (ria.ru) ; взгляд / Путин сформулировал новую русскую идеологию :: Автор Владимир Можегов (vz.ru).

43 Texte russe de Berdiaev : Lib.ru/Классика : Бердяев Николай Александрович. Судьба русского консерватизма

ロシアはどこに向かうのか

1 « En Russie, les outrances de Dmitri Medvedev, le faucon de P outine » (lemonde.fr)

2 https://srzapravdu.org/news/partiya-spravedlivaya-rossiya-za-pravdu-provela-pervoe-zasedanie-

gruppy-po-rassledovaniyu-antirossijskoj-deyatelnosti-grad-v-sfere-kultury/.

3 https://netnadzor.media/novosti/23-07-2022-etap-na-uboj/.

4 https://www.moscowtimes.news/2022/09/01/dobrovoltsev-dlya-voinis-ukrainoi-nachali-iskat-sredi-bezdomnih-a23816.

執筆者一覧

ガリア・アッケルマン（Galia Ackerman）

一九四八年生まれ。パリ第一パンテオン・ソルボンヌ大学で歴史学の博士号を取得、カーン大学の客員研究員。専門はソ連、ソ連崩壊後のロシア、ウクライナの歴史。プーチンのロシアのイデオロギーを研究する先駆的な著作である『不滅の連隊――プーチンの聖なる戦争 Le Régiment immortel. La guerre sacrée de Poutine』（パリ、プルミエ・パラレル社、二〇一九年、再版、二〇二二年）など一〇冊ほどの著書がある。情報操作と闘い、フランスおよび世界の人々にプーチンのロシアを理解するための鍵を提供することを目的とする二か国語（英仏）の電子メディア「デスク・ロシア」の編集長である。ステファヌ・クルトワとの共著に『ロシアの政治的言説の中の第二次世界大戦――ロシアとウクライナの紛争に照らして La Seconde Guerre mondiale dans le discours politique russe. À la lumière du conflit russo-ukrainien』（パリ、ラルマッタン社、二〇一六年）がある。

アントワーヌ・アルジャコフスキー（Antoine Arjakovsky）

一九六六年生まれ。ウクライナ出身のフランス人歴史学者で、とくにロシアとウクライナの正教の宗教思想を専門とする。モスクワのコレージュ・ユニヴェルシテール・フランセ校長、ウクライナのアンスティチュ・フランセ副館長（一九九八—二〇〇四年）。ウクライナ・カトリック大学内に世界教会研究機関を創設、運営した（二〇〇四—二〇一一年）。二〇一一年からは、パリのコレージュ・デ・ベルナルダンの「社会、自由、平和」部門の共同指導者をつとめている。『ロシア＝ウクライナ——戦争から平和へ？ Russie-Ukraine. De la guerre à la paix ?』（シオン、パロル・エ・シランス社、二〇一四年）、『西洋＝ロシア——いかにして戦争を終わらせるのか？ Occident-Russie. Comment sortir du conflit ?』（パリ、バラン社、二〇一七年）など多くの著書がある。

ステファヌ・クルトワ（Stéphane Courtois）

一九四七年生まれ。フランスと世界の共産主義を専門とする歴史学者。大学機関誌「コミュニスム」の創設者で編集長もつとめた（一九八二—二〇一七年）。数多くの著者があり、スイユ社、ロシェ社、セール社の双書の監修者でもある。『共産党黒書』（パリ、ロベール・ラフォン社、一九九七年、二六か国語に翻訳）の著者。アンスティテュ・カトリック・デテュード・シュペリウール（ラ・ロッシュ＝シュル＝ヨン）で二〇年前から共産主義について講義をしている。二〇一七年に『レーニン、全体主義の創設者 Lénine, l'inventeur du totalitarisme』（パリ、ペラン社、二〇一七年）を出版、歴史書グランプリ（「ル・フィガロ」紙、歴史チャンネル）およびトゥケ＝パリ・プラージュの政治伝記グランプリを受賞した。

イリナ・ドミトリシン（Iryna Dmytrychyn）

一九七一年生まれ。ウクライナを専門とする歴史学者、翻訳家、フランス国立東洋言語文化研究所（ＩＮＡＬＣＯ、パリ）准教授。複数の著書があり、二〇〇一年からはアルマッタン社の「ウクライナの存在」シリーズを共同監修し、『ウクライナ人作家から見たウクライナ L'Ukraine vue par les écrivains ukrainiens』（パリ、アルマッタン社、二〇〇六年）、『エリオ氏の旅——ウクライナ大飢饉のエピソード Le Voyage de Monsieur Herriot. Un épisode de la grande famine en Ukraine』（パリ、アルマッタン社、二〇一八年）、『ドンバスのアンソロジー Anthologie du Donbass』（パリ、アルマッタン社、二〇一八年）を出版している。またガリア・アッケルマンとの共著に『チョルノービリ——生きる、考える、描く Tchernobyl. Vivre, penser, figurer』（パリ、アルマッタン社、二〇二一年）がある。

トルニケ・ゴルダゼ（Thorniké Gordadzé）

一九七五年生まれ、ジョージア人。クタイシ（ソ連）のリセでフランス語を学んだのち、フランスのボルドー政治学院（ＩＥＰ）を卒業、二〇〇一年にフランス国籍を取得。二〇一〇年、ジョージア新大統領ミヘイル・サアカシュヴィリによりジョージア外務副大臣に任命され、欧州連合関係を担当。その後二〇一二年に欧州・大西洋統合担当国務大臣となる。パリ政治学院国際関係研究所の連携研究員であり、二〇一三年にはジョージア戦略研究所を共同設立した。一九九九年以来、ソ連崩壊後のカフカスの状況およびプーチンのロシアの脅威にかんする数多くの論文を執筆している。

イヴ・アマン（Yves Hamant）

一九四六年生まれ。政治学上級教員資格者、政治学博士。レオニード・ブレジネフ時代のソ連で一九七四年から一九七九年までモスクワのフランス大使館で文化担当官をつとめたのち、アレクサンドル・ソルジェニーツィンの『収容所群島』を最初にフランス語訳した。一九九〇年に「ソ連の政権とロシアのアイデンティティ」と題する論文を発表、パリ・ナンテール大学（パリ第一〇大学）の教授となり、ロシア文明とロシア現代史を教えている。カトリック教徒の知識人として、二〇〇〇年には、アレクサンドル・メン神父の伝記を出版している。メン神父は彼の友人のひとりで、正教会の司祭であり、ソ連の精神的支柱であったが、一九九〇年に教会の近くで斧で殺害された。「エスプリ」誌で「プーチニズム、多因数の現象」というきわめて明快な論文を発表した（二〇二二年三月）。

アンドレイ・コゾヴォイ（Andreï Kozovoï）

一九七五年にモスクワで生まれる。父は詩人で翻訳家であったが、政治犯となり一九八一年にフランスに亡命した。リール大学のロシア語とロシア文学の准教授であり、研究指導資格をもつ。『ソヴィエト連邦の崩壊 La Chute de l'Union soviétique』（パリ、タランディエ社、二〇一一年）、『ロシア、改革と独裁――一九五三―二〇一六年 Russie, réformes et dictatures - 1953-2016』（パリ、ペラン社、「テンプス」シリーズ、二〇一七年）、『ロシアの秘密情報機関――ツァーリたちからプーチンまで Les

Services secrets russes. Des tsars à Poutine』（パリ、タランディエ社、二〇二〇年）、『アンチヒーロー、ブレジネフ Brejnev l'antihéros』（パリ、ペラン社、二〇二一年）など、ソ連にかんする多くの著書がある。

ミコラ・リアブチュク（Mykola Riabtchouk）

一九五三年生まれ。西ウクライナ出身の政治学者であり、リヴィウとモスクワで高等教育を受けたのち、三年間アメリカで過ごした。国民のアイデンティティ、市民社会の形成、国民国家の誕生、ポスト共産主義時代などの問題について研究している。ウクライナ国立科学アカデミー政治・ナショナリティ研究所の研究ディレクターで、ワルシャワ大学准教授。ウクライナ・ペン名誉会長。『「小ロシア」からウクライナへ De la « Petite-Russie » à l'Ukraine』（パリ、アルマッタン社、二〇〇三年）をフランス語で出版、「ル・モンド」紙二〇二二年五月一〇日付けで「欧米は、みずからが認めている以上にロシア帝国主義の影響を受けている」と題する論文を発表した。

ニコラ・タンゼール（Nicolas Tenzer）

一九六一年生まれ。パリ高等師範学校、パリ政治学院、フランス国立行政学院を卒業。一九八七年から二〇〇八年まで上級公務員、一九八六年からはパリ政治学院で教鞭をとる。政治活動のための研究考察センター（CERAP）の創設者、所長であり、その機関誌「ル・バンケ」の編集長もつとめている。『二〇三〇年の世界――規則と無秩序 Le Monde à l'horizon 2030. La règle et le désordre』（パリ、ペラン社、二〇一一年）など、政治学説およびフランス政界にかんする多くの著書がある。世界でのNATOの活動の擁護者であり、大西洋横断同盟および民主主義の価値と原則を支持する欧州政治分析センターの協力者である。

フランソワーズ・トム（Françoise Thom）

一九五一年生まれ。フランス人歴史学者。ロシア語上級教員資格者で、ロシアとソ連の専門家。パリ・ソルボンヌ大学で現代史研究指導資格をもつ准教授をつとめる。一九八二年に『紋切り型の言葉 La Langue de bois』（パリ、ジュリアール社、一九八七年）という論文で注目され、『ゴルバチョフの時代 Le Moment Gorbatchev』（パリ、アシェット社、一九八九年）『ロシアの地政学 Géopolitique de la Russie』（パリ、フランス大学出版局、コレクション・クセジュ、二〇一六年）、『プーチニズムを理解する Comprendre le poutinisme』（パリ、デスクレ・ド・ブルヴェール社、二〇一八年）、『後ずさり――ソヴィエトとロシアの歴史への視線 La Marche à rebours. Regards sur l'histoire soviétique et russe』（パリ、ソルボンヌ大学出版局、二〇二一年）など多くの著書がある。すぐれた伝記『ベリヤ――クレムリンのヤヌス Beria. Le Janus du Kremlin』（パリ、セール社、二〇一三年）で、道徳政治科学アカデミー賞を受賞した。

セシル・ヴェシエ（Cécile Vaissié）

一九六二年生まれ。歴史学者。ロシア語上級教員資格者で、ソ連の専門家。『あなたたちの自由のためとわたしたちの自由のため――ロシアにおける反体制派の闘い Pour votre liberté et pour la nôtre : le combat des dissidents en Russie』（パリ、ロベール・ラフォン社、一九九九年）と題する論文を発表したのち、リセと大学で教鞭をとり、レンヌ第二大学ロシア語学科長に任命された。二〇〇八年に『魂のチーフエンジニアたち――ソ連の文学と政治（一九四六―一九八六年）Les Ingénieurs des âmes en chef. Littérature et politique en URSS (1946-1986)』（パリ、ベラン社）、二〇一九年に『ミハルコフ一族――ロシアの文化と権力（一九一七―二〇一七年）Le Clan Mikhalkov. Culture et pouvoirs en Russie (1917-2017)』（レンヌ、レンヌ大学出版局）を発表している。二〇一六年に『フランスにおけるクレムリンのネットワーク Les Réseaux du Kremlin en France』（パリ、レ・プティ・マタン社）で、ヴラジーミル・プーチンのソフトパワーがフランスにおよぼすさまざまな影響力を示した。そのため彼女は名誉毀損訴訟の組織的攻勢を受けたが、裁判所は、だれかを「親クレムリン」として描くことはその人物の「名誉」を侵害することにはならないと判断し、一件を除いてすべての訴訟を棄却した。

マイルベク・ヴァチャガエフ（Maïrbek Vatchagaev）

一九六五年、チェチェンに生まれる。チェチェン・イングーシ国立大学歴史学部卒業。学位論文はカフカス戦争におけるチェチェンの位置づけについて。一九九一年から一九九四年まで、モスクワのロシア科学アカデミーで研修を受けたのちチェチェンにもどり、分離独立派でのちに未承認国家チェチェン・イチケリア共和国大統領となるアスラン・マスハドフの親密な協力者となる。チェチェン・

イチケリア共和国のモスクワ全権代表に任命されたが、一九九九年に第二次チェチェン紛争が勃発した際、ヴラジーミル・プーチンによって逮捕された。懲役刑に処せられたが、大赦を受けて二〇〇〇年にフランスに亡命し、それ以後ジャーナリズムに専念している。二〇〇八年に『鷲と狼――一九世紀カフカス戦争でのチェチェン L'Aigle et le loup. La Tchétchénie dans la guerre du Caucase au xixe siècle』（パリ、ビュシェ＝シャステル社、オード・メルランとの共著）を発表した。

◆編者略歴◆
ガリア・アッケルマン（Galia Ackerman）
1948年生まれ。パリ第一パンテオン・ソルボンヌ大学で歴史学の博士号を取得、カーン大学の客員研究員。専門はソ連、ソヴィエト後のロシア、ウクライナの歴史。プーチンのロシアのイデオロギーを研究する先駆的な著作である『不滅の連隊――プーチンの聖なる戦争 Le Régiment immortel. La guerre sacrée de Poutine』（パリ、プルミエ・パラレル社、2019年、再版2022年）など10冊ほどの著書がある。情報操作と闘い、フランスおよび世界の人々にプーチンのロシアを理解するための鍵を提供することを目的とする二か国語（英仏）の電子メディア「デスク・ロシア」の編集長である。ステファヌ・クルトワとの共著に『ロシアの政治的言説の中の第二次世界大戦――ロシアとウクライナの紛争に照らして La Seconde Guerre mondiale dans le discours politique russe. À la lumière du conflit russo-ukrainien』（パリ、ラルマッタン社、2016年）がある。

ステファヌ・クルトワ（Stéphane Courtois）
1947年生まれ。フランスと世界の共産主義を専門とする歴史学者。大学機関誌「コミュニスム」の創設者で編集長もつとめた（1982-2017）。数多くの著者があり、スイユ社、ロシェ社、セール社の双書の監修者でもある。『共産党黒書』（パリ、ロベール・ラフォン社、1997年、26か国語に翻訳）の著者。アンスティテュ・カトリック・デテュード・シュペリウール（ラ・ロッシュ＝シュル＝ヨン）で20年前から共産主義について講義をしている。2017年に『レーニン、全体主義の創設者 Lénine, l'inventeur du totalitarisme』（パリ、ペラン社、2017年）を出版、歴史書グランプリ（「ル・フィガロ」紙、歴史チャンネル）およびトゥケ＝パリ・プラージュの政治伝記グランプリを受賞した。

◆訳者略歴◆
太田佐絵子（おおた・さえこ）
早稲田大学第一文学部フランス文学科卒。おもな訳書に、『地図とデータで見る農業の世界ハンドブック』、『地図とデータで見る健康の世界ハンドブック』、『新版地図で見る中国ハンドブック』、『新版地図で見るロシアハンドブック』、『新版地図とデータで見る移民の世界ハンドブック』（いずれも原書房）などがある。

ヴラジーミル・プーチン
KGBが生《う》んだ怪物《かいぶつ》の黒《くろ》い履歴書《りれきしょ》
下

●

2023年12月1日　第1刷

編者………ガリア・アッケルマン／
ステファヌ・クルトワ
訳者………太田佐絵子《おおたさえこ》
装幀………川島進デザイン室
本文・カバー印刷………株式会社ディグ
製本………東京美術紙工協業組合
発行者………成瀬雅人

発行所………株式会社原書房
〒160-0022　東京都新宿区新宿1-25-13
電話・代表　03(3354)0685
http://www.harashobo.co.jp
振替・00150-6-151594
ISBN978-4-562-07372-6